일상이 고고학

나 혼자 남한산성 여행

일상이 고고학

나 혼자 남한산성 여행

황윤 역사 여행 에세이

책읽는고양이

프롤로그

어느 날 역사 지도를 쭉 훑어보다 흥미로운 점을 발견했다. 1019년 귀주대첩 시점의 고려, 송나라, 요나라 지도와 그보다 약 600년 후인 1636년 병자호란 시점의 조선, 명나라, 청나라 지도가 참으로 유사하단 말이지. 하나씩 하나씩 비교하며 살펴보면,

1. 한반도에는 한민족 왕조가 2. 중국 대륙에는 한인 왕조가 있었으며 3. 북방에는 유목민이 세운 왕조가 존재했다. 4. 이때 한민족 왕조와 한인 왕조는 문화적 동질성을 지닌 채 북방 유목민이 세운 왕조를 견제했으며 5. 이에 유목민이 세운 왕조는 중국 대륙을 본격적으로 공략하기 전 배후를 안정화하고자 우선 한반도부터 손보고자 했다.

이렇듯 유사한 분위기였음에도 그 결과는 판이하게 달랐다.

1019년 귀주대첩에서는 고려 현종과 강감찬의 지도력으로 거란의 요나라를 상대로 고려가 대승을

거둔 반면, 1636년 병자호란에서는 인조의 거듭된 실책과 무능으로 여진의 청나라를 상대로 조선이 패배했으니까. 뿐만 아니라 고려는 귀주대첩 이후 약 100년 간 전성기를 구가하였으니, 마침 이 시기는 동시대 중국 청자와도 어깨를 나란히 할 만큼 놀라운 질과 미감을 보인 고려청자의 전성기와도 겹친다. 승리한 역사만큼이나 문화 및 문물에 있어서도 세계적인 흐름에 따라 자신감을 지닌 채 발전하는 시대가 열린 것이다.

반면 조선은 인조가 삼전도의 굴욕을 당한 후 세계사의 큰 흐름에 포섭되지 못하고 소중화 사상에 빠지며 고립주의 체제를 이어갔다. 이때를 대표하는 문화로는 아무래도 철화백자가 있겠군. 동시대 청나라, 일본 도자기에 비해 질적으로 떨어지는 백자에다 코발트를 구할 수 없어 철화로 그림을 그린 형태가 바로 그것. 물론 현대 들어와 나름 개성적인 미를 지닌 도자기라 평가받고 있지만 솔직히 세계적인 도자기 흐름과는 동떨어진 디자인이었지.

그렇다. 이렇듯 승리한 역사를 만든 국가와 패배한 역사를 만든 국가는 각각 후손들에게 확연하게 다른 미래를 열어주는 듯하다. 그런데 요즘 들어 이런 생각이 들더군. 미국과 중국이 점차 대결 구도를 보이면서 중간에 낀 대한민국의 위치가 참으로 묘

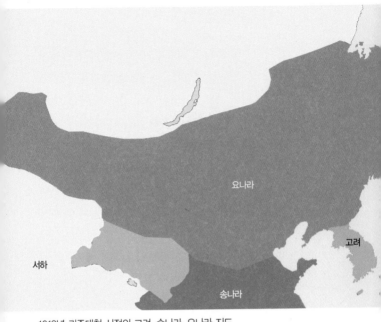

서하

요나라

고려

송나라

1019년 귀주대첩 시점의 고려, 송나라, 요나라 지도.

해지고 있단 말이지. 제도적, 문화적 동질성이야 미국과 가까울지 모르나 경제적, 지리적으로는 중국이 무척 가깝거든.

이는 과거 고려, 조선이 제도적, 문화적 동질성은 중국 대륙에 있던 한인 왕조와 통했으나 국경과 바로 접한 국가는 유목민이 세운 왕조였던 것과 유사하다. 뿐만 아니라 두 강대국은 대한민국에 줄서기를 강요하며 나날이 힘을 뽐내는 중인데, 우리가 어떤 움직임을 보이냐에 따라 두 세력 모두에게 본보

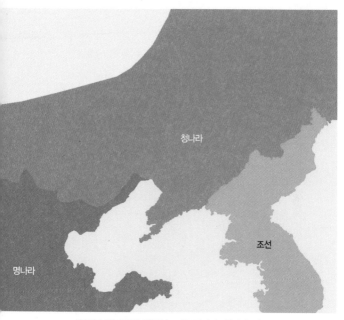

1636년 병자호란 시점의 조선, 명나라, 청나라 지도

기로 가장 먼저 손보는 대상이 될 확률이 무척 높아 보인다. 이는 곧 한반도가 또다시 강대국의 대리전이 벌어질 장소가 될 수 있다는 의미. 이 또한 과거 한반도 포섭을 두고 한인 왕조와 유목민 왕조가 대립하는 분위기와 유사한걸.

이에 이번 여행에서는 남한산성을 구경하면서 조선이 청나라에게 패한 과정과 더불어 이와 반대로 고려는 어떻게 요나라와의 전쟁에서 승리할 수 있었는지 알아보고자 한다. 이를 통해 앞으로 대한

민국이 가야 할 방향도 고민해본다고나 할까? 안타깝게도 고려가 대승을 거둔 역사적 장소가 현재 북한에 위치한 관계로 승리한 역사가 있는 장소를 직접 가보는 여행이 불가능하여 한편으로 조금 아쉽긴 하다.

차례

1
잠실에서

삼전도비를 찾으러

정말 오랜 만에 석촌호수에 들렀다. 이전부터 롯데월드라는 테마파크로 유명했지만, 2017년 무려 555m의 높이를 자랑하는 롯데타워가 완공된 후 주변 분위기가 더욱 많이 바뀐 듯하다. 아무래도 남산타워에 비견되는 새로운 랜드마크가 등장하면서 한국을 대표하는 관광 중심지 중 하나가 된 모양.

그래서일까? 오늘도 석촌호수에는 운동하러 나온 동네 어르신뿐만 아니라 관광객, 그중에서도 외국인이 유독 많이 보이는걸. 특히 1년 중 벚꽃이 한창 필 무렵에는 걸어다니기 힘들 정도로 어마어마한 인파로 붐비곤 한다. 태어나서 딱 한 번 벚꽃 시절 석촌호수를 와본 듯. 그 뒤로는 놀라운 사람 숫자에 겁이 나서 방문을 포기하였다.

꼬깔콘을 먹으며 석촌호수를 돌다보니 정해진 시간마다 비명 소리가 크게 울려퍼지고 있네. 다름 아닌 롯데월드 중 매직아일랜드 놀이 기구에서 나오는 소리. 기구가 하늘로 솟구쳤다가 떨어질 때 특히 비명이 많이 나오는 듯하다. 나는 보기만 해도 무

석촌호수. ⓒPark Jongmoo

서운데, 저런 것을 굳이 돈 주고 타는 분이 있단 말이지. 롯데월드에서 가장 인기 있는 놀이 기구 중 하나라 하니, 내가 유달리 겁이 많은 것. 생각해보니 옛날 옛적에 롯데월드에서 신밧드의 모험을 탄 기억이 나는구나. 그 정도가 내가 탈 수 있는 놀이 기구 공포의 한계다.

아참, 오늘 내가 석촌호수에 온 이유는 롯데월드 때문이 아니라 오전에 잠실에서 강연이 있었거든. 그렇게 2시간 강연을 끝내자마자 이곳으로 빠른 걸

경주 서악동 고분에 위치한 태종무열왕릉비. ©Park Jongmoo

음으로 달려왔지. 가끔씩 전국 각지에서 책과 관련한 강연 요청이 오는데, 그때마다 가능한 시간을 내어 주변을 관광하는 편이라서.

마침 오늘따라 경주에 대한 강연을 하면서 중간에 귀부(龜趺) 이야기를 했는데, 이는 거북이 모양을한 비석 받침돌을 의미한다. 그런데 경주 서악동 고분에 위치한 태종무열왕릉비(太宗武烈王陵碑)가 다름 아닌 한반도에서 최초로 만들어진 귀부라는 사실. 이러한 귀부 위에는 보통 한 인물의 생애 또는일정 사건에 대한 기록을 비석에 새긴 후 세워두었지. 헌데 강연이 끝나자 이 근처에 수백 년 된 또 다

롯데타워 근처에 위치한 삼전도비 귀부. ©Park Jongmoo

른 귀부가 있는 만큼 이를 보고 가야겠다는 생각이
갑자기 들더라구. 왜냐하면 태종무열왕릉비는 귀부
만 남고 안타깝게도 비석이 이미 사라진 상황이지
만, 이 근처 귀부에는 여전히 비석이 함께 온전하게
남아 있거든.

　　오호. 조금 걷다보니 저기 보이네. 듣기로 2010년
에 비로소 저 자리로 옮겼다고 한다. 나는 2010년 이
후 어느 날, 그러니까 롯데타워가 세워지기 전에 방
문한 적이 있었는데, 오늘 정말 오랜 만에 다시 찾아
가려다보니, 길을 조금 헤맸다. 그래도 금방 발견.
가까이 가자 비석 포함 높이 5.7m에 다다르는 높다

삼전도비. 비석 앞면에 만주 글자와 몽골 글자가 새겨져 있다. ⓒPark Jongmoo

란 위용이 남다르구나. 특히 거북이, 즉 귀부의 크기는 태종무열왕릉의 귀부 못지않게 커 보인다. 아니 더 큰가? 음. 바로 옆에서 비교하며 보는 것이 아니라서 체감이 잘 안 되는군. 어쨌든 남다른 크기 때문인지 한눈에도 상당한 공력을 들인 것이 절로 느껴질 정도. 만일 경주의 태종무열왕릉비에도 비석이 남아 있다면 이와 유사한 위용을 보였을 텐데, 조금 아쉽군.

그런데 이 귀부와 비석이 바로 그 유명한 삼전도비라는 사실. 조선 역사에서 손꼽히는 치욕의 사건을 기록한 비석이라 하겠다. 맞다. 1636년 병자호란에서 패한 조선 왕 인조가 청나라 황제 홍타이지에게 삼배구고두례(三拜九叩頭禮)한 것을 기념하여 만들어진 비석이지. 오죽하면 본래 비석이 위치했던 장소는 인조가 굴욕의 항복 의식을 펼칠 때 황제 홍타이지가 높은 단 위에서 이를 지켜보며 앉아있었던 자리였거든. 지금은 바로 옆 석촌호수로 인해 물 아래로 사라진 장소가 바로 그곳.

삼전도비 비석 뒷면. 한자로 새겨져 있다. ©Park Jongmoo

삼전도비

고개를 들어 거대한 거북 위로 세워진 비석을 바라본다. 비석 앞면에는 만주 글자와 몽골 글자로, 뒷면에는 한자로 새겨져 있으며 그 내용은 동일하다. 즉 동일한 문장을 번역하여 만주인, 몽골인, 조선인이 함께 읽을 수 있도록 만든 것이다. 아무래도 당시 청나라가 만주, 몽골, 한족이 함께하는 다민족 국가로 정비된 만큼 만주어와 몽골어, 중국어를 함께 표기한 듯. 특히 과거에는 글자마다 주홍색으로 칠하여 문장이 잘 보이도록 했으나 지금은 오랜 세월에 색이 바래 사라졌다.

오호. 이리저리 아무리 보아도 맨눈으로는 음각으로 새겨진 글자가 잘 보이지 않네. 솔직히 내가 만주어와 몽골어를 아는 것도 아니고 말이지. 비석 감상은 끝내고 슬슬 스마트폰을 꺼내 번역을 찾아 읽어볼까? 새겨진 내용을 한글로 번역하면 다음과 같다.

대청국의 숭덕 원년(1636) 겨울 12월, 관온인성 황제(홍타이지)께서 우리(조선)가 화친을 깨뜨렸기에, 진노하여 군대를 이끌고 동쪽으로 불꽃처럼 오시니, 누구도 두려워하여 막지 못하였다. 이때 우리 부족한 임금(인조)은 남한산성에 머무르면서 마치 봄날에 얼음을 딛고 햇빛을 기다리는 것처럼 두려워한 것이 거의 50일이었다.

동남쪽 여러 도의 군대가 연거푸 무너졌고, 서북방 장군들은 산골짜기에 숨어서 멀리 뒤로 물러나 한 걸음도 나오지 못하는데, 성 안의 식량도 떨어졌다. 이때 대군이 성에 다가서는 것이 마치 서리 바람이 가을 풀을 휩쓸고, 화롯불에 깃털을 태우는 것처럼 사나웠다. 그러나 황제께서는 죽이지 않는 것을 무(武)로 삼고 덕(德)을 펼치는 것을 우선하시어, 이에 칙유를 내리시길, "내게 온다면 너를 온전히 해주겠다, 그러지 않으면 모두 죽이겠다!" 하시었다.

이로부터 용골대[英俄兒代], 마부대(馬夫大) 등의 장수들이 황제의 조서를 받들고 잇달아 오가니, 이에 우리 부족한 임금이 문무백관을 모아 이르길, "내가 대국에 의탁하여 화친을 맺은 지 10여 년이 되었는데, 내가 어리석고 미혹되어, 하늘의 벌하심을 자초하여 만백성이 어육이 되었으니, 죄가 내 한 몸에 있다. 황제께서 오히려 차마 도륙하지 못하고 타이르심이 이와 같으니, 내 어찌 감히 이를 받들어 위로는 종사를 보전하고 아래로는 생령을 보호하지 않겠는가?' 하였다.

여러 대신들이 모두 찬성하여 마침내 수십 기를 데리고 군문에 와서 죄를 청하니, 황제께서 예로써 대우하고 은혜로 어루만지며, 한 번 보고는 심복으로 삼아, 상을 내리시는 은혜가 따르는 신하들에게 두루 미쳤다. 예가 끝나자, 곧장 우리 부족한 임금을 도성으로 돌려보내고, 곧장 남쪽으로 간 군대를 거두어 서쪽으로 물러나며, 백성을 어루만져 농사에 힘쓰게 하여, 멀고 가까운 곳의 흩어진 백성들이 모두 다시 와 살게 되었으니, 어찌 큰 은혜가 아니겠는가!

소방(조선)이 상국(청나라)에게 죄를 얻은 지 오래되었다. 기미년(1619) 싸움에 도원수 강홍립을 보내 명나라에 원병하였다가 군대가 패하여 사로잡히자, 태조 무황제(누르하치)께서는 단지 강홍립 등 몇 사람만을 잡아두고 나머지는 모두 뒤에 돌려보내셨으니, 은혜가 이보다 클 수 없었다. 그러나 소방이 미혹되어 깨닫지 못하매, 정묘년(1627)에 황제(홍타이지)께서 장군을 보내 동쪽을 정벌하시니, 우리나라의 군신이 모두 바다 섬에 들어가 피하고는 사신을 보내 화친하자고 청하였다. 황제께서 윤허하시어, 형제와 같은 나라가 되고 강토가 다시 온전해졌다. 강홍립도 다시 돌려보냈다.

이로부터 계속해서 예우가 한결같고 사신들이 서로 오갔는데, 불행히도 공허한 의론에 선동되고 난리의 씨앗이 생겨나서, 소방이 지방 수령들에게 신칙하는 말이 몹시 불손했으니, 그 글을 사신들이 얻어서 가져갔다. 황제께서는 그럼에도 너그럽게 대하시어 곧장 군대를 보내지 않고, 먼저 명지(明旨)를 내리시어 군대를 보낼 시기를 기약하며 거듭 깨우치기를 귀를 잡고 얼굴을 맞대듯 하시었다. 그럼에도 끝내 따르지 않았으니, 소방의 군신들이 지은 죄가 벗어날 수 없이 무거워졌다.

황제의 대군이 남한산성을 포위하고는 또한 한 갈래 군대에 명하여 강화도를 먼저 함락하니, 빈궁과 왕자 및 대신의 가솔들이 모두 사로잡히자, 황제께서는 뭇 장수들을 단속하여 침해하지 못하게 하시고, 호종하던 관리와 내시들로 하여금 간호하게 하시었다. 이처럼 큰 은전을 입어, 소방의 군신과 사로잡힌 권속들이 예전처럼 돌아왔으니, 서리와 눈이 변하여 봄볕이 되고 마른 가뭄이 바뀌어 단비가 되듯, 망한 나라를 다시 세우고 끊어진 종사를 잇게 되었다. 동쪽 땅 수천 리가 모두 살게 하는 은택을 입었으니, 이는 실로 예로부터 보기 힘든 일이다. 아아. 훌륭하도다!

한강 상류 삼전도의 남쪽은 곧 황제께서 다다르

신 곳으로, 단을 세운 자리가 있다. 우리 부족한 임금이 수부(水部, 조선 6조 중 공조)에 명하여 단을 높고 크게 증축하고 또한 돌을 가지고 비를 세워서 영원히 남겨두어 드러내니, 황제의 공덕을 천지조화와 나란히 되도록 한 것이다. 어찌 우리 소방만 세세토록 영원히 믿고 살아갈 뿐이겠는가? 또 대국의 인자한 명성과 위엄찬 행실로 멀리서부터 복종해오지 않는 자 없음이 이로부터 시작되는 것이다. 하늘과 땅의 크기를 본뜨고 해와 달의 밝기를 그리려 해보아도 그 만분의 일에 비할 수 없으니, 삼가 그 대략을 새겨서 이른다.

하늘은 서리와 이슬을 내려 마르게도 하고 살리기도 하는데, 황제께서 이를 본받으시어 위엄과 은덕을 함께 펴셨네. 황제께서 동방을 정벌하시니 그 군세 십만이라, 우르릉거리는 소리가 호랑이 같고 표범 같았네. 서쪽 번국 불모지와 북쪽 부락 사람들도 창을 잡고 앞서가니 그 위세 혁혁하도다. 황제께서 크나큰 인자함으로 은혜로운 말씀을 내려주시니, 열 줄로 내려주신 밝은 회답이 엄하고도 또한 따뜻하였네. 처음에는 미욱하여 알지 못하고 스스로 재앙을 불러왔으나, 황제의 밝은 명령 있고 나서는 마치 잠에서 깬 듯하였네.

우리 임금 이에 복종하면서 서로 이끌고 귀순해

오니, 위세가 두려워서만이 아니라 또한 그 덕에 의지함일세. 황제께서 이에 용서하시며 넉넉히 예로써 맞아주시니, 표정을 고치고 웃는 낯으로 온갖 무기를 거두시었네. 무엇을 주셨던고? 준마와 가벼운 갖옷, 도성의 남녀가 노래하고 칭송하네. 우리 임금 돌아올 수 있었던 것도 황제께서 은사를 베푸심이라. 황제께서 군사를 물려주시니 우리 백성들 살게 되었네. 흩어진 우리 백성 불쌍히 여겨 농업에 힘쓰도록 하여주시니, 금구(金甌, 완전한 강토)의 제도 옛날과 같고 비춧빛 단은 나날이 새로워라.

마른 뼈에 다시 살이 붙었고, 얼어붙은 뿌리가 봄을 찾았네. 커다란 강 머리에 솟은 빗돌 우뚝하니, 만년토록 삼한은 황제의 은혜로다.

숭덕 4년(1639) 12월 8일 세우다.

삼전도비

그동안 삼전도비를 보거나 들은 적은 있었지만 비석에 새겨진 문장을 제대로 읽어본 적은 없었다. 기회야 여러 번 있었지만 왠지 읽다보면 기분이 나쁠 것 같아 피해 다녔다고나 할까? 아마 대부분의 한국인들이 나와 마찬가지겠지. 그러나 오늘은 마음을 다잡고 스마트폰을 꺼내 번역본을 찾아 그 문장을 처음부터 끝까지 쭉 읽어보았더니 조금 후련한 기분

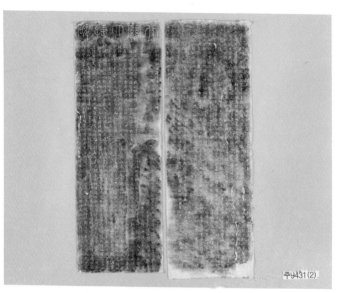

주9431(2)

북관대첩비 탁본. 국립중앙박물관.

이 드는걸. 그래. 앞으로는 치욕적인 역사를 담은 글
도 도망치지 말고 가능한 읽어봐야겠다. 이것이 오
히려 당시 역사를 제대로 직면하는 계기가 되겠지.

　한편 해당 문장을 쓴 인물은 다름 아닌 조선 문인
이었던 이경석(1595~1671)이라는 사실. 음. 가만 생
각해보니, 기분이 조금 이상한 걸. 조선 문인이 쓴
글임에도 그 내용이 죄 많은 조선을 정벌한 후 나라
를 멸망시키지 않고 이어가게 해주어 감사하다며
청나라 황제의 은덕을 칭송하는 글이니까. 무엇보

다 보통 전승 기념비는 승리한 측에서 자신의 논리를 듬뿍 담은 문장을 넣어 세우는 것이 일반적이건만 삼전도비는 그 반대라 흥미롭다. 오히려 패한 측에서 직접 문장을 쓰고 비석을 올렸으니 말이지.

예를 들면 백제가 나당 연합군에 의해 660년 멸망하자, 당나라에서는 대당평백제비명(大唐平百濟國碑銘)을 부여에 위치한 정림사지 5층 석탑 몸통에 새겼거든. 이는 당나라가 백제를 평정했음을 알리는 글로서 이때 당나라 사람 권회소가 문장을 지었다. 조선 시대 예시로는 북관대첩비(北關大捷碑)라 하여 임진왜란 때 함경도까지 진출한 가토 기요마사의 병력을 정문부가 기병을 동원해 깨트렸으니, 해당 업적을 조선인이 쓴 문장으로 비석을 세웠다. 그러니까 보통 이런 식이라는 의미.

즉 삼전도비는 전승 기념비의 일종이나 그 성격은 위의 예시와는 조금 다른 듯하다. 실제로도 삼전도비의 원래 명칭은 대청황제공덕비(大淸皇帝功德碑)였다. 즉 대청황제의 공덕을 기리는 비석이라는 의미. 이를 현대 들어와 아주 간단히 줄여 삼전도에 위치한 비석이라 하여 우리에게도 익숙한 삼전도비라 부르게 된다.

그렇다면 왜 조선 문인에 의해 청나라 황제의 공덕을 기리는 비석이 세워졌는지 한 번 살펴볼까?

삼전도비가 세워진 과정

삼전도에서 인조가 굴욕적인 항복 의식을 펼친
지 얼마 지나지 않아 한양에 온 청나라 사신 마부대
(馬夫大)는 조선 정부에 대청황제공덕비를 세우자
고 제안했다. 참고로 마부대는 용골대(龍骨大)와 더
불어 병자호란 때 큰 활약을 보인 인물이자 두 사람
모두 사신으로 여러 차례 조선에 파견되었거든. 덕
분에 용골대와 마부대는 조선에 대한 이해도가 무
척 높아 조선 왕과 신료들이 어떤 행동을 싫어하고
좋아하는지 무척 잘 알고 있었다. 그런 만큼 무력에
의한 굴복에 이어 이번에는 조선을 정신적으로 굴
복시키는 수단으로 비석 건을 가져온 모양.

이러한 마부대의 의견에 대해 조선의 중요 업무
를 의논하는 최고 의사 기구인 비변사에서는 "크게
공을 들이지 않고도 생색은 많이 낼 수 있는 일"이
라며 동의하였다. 이미 병자호란 이후 커다란 패배
의식에 빠져있다 보니 국가의 자존심이 걸린 문제
임에도 크게 개의치 않았나보다. 상황이 이렇게 흘
러가자 인조 역시 마음에 들지 않았음에도 비석 건

립에 나설 수밖에. 그런데 조선이 생각하지 못한 문제가 발생했으니. 역시나 마부대가 제안한 비석은 단순한 비석 제작이 아니었거든.

인정전에서

인조 : 삼전도에 비를 세운 곳은 바로 황제가 친림한 곳이니 비석을 세우고 각을 만들며 정성을 다해야 하는데, 난리를 겪은 뒤로 물력이 쇠약하여 뜻에 맞지 않으니 미안한 마음을 금할 수 없소.

청 사신 : 비문은 우리들이 돌아가기 전에 지어서 보여주는 것이 어떻겠습니까? 우리들이 한자를 알지 못하나 다른 사람에게 해석하게 하면 글의 뜻이 어떠한지 알 수 있을 것입니다.

인조 : 비문은 당초 대국에서 이미 지어 보내라는 명이 있었으므로 이번에 대인이 올 때 반드시 가져오리라 생각하였는데, 뜻밖에 이번에 이렇게 지어 보여달라는 하교가 있으니, 이는 소국이 감당할 수 있는 바가 아니오.

청 사신 : 비록 그렇기는 합니다만 지어서 보여주면 좋겠습니다.

인조 : 대국에서 지어 보내겠다는 명이 있었을 뿐만 아니라 소방(小邦, 조선)의 사람 중에는 이를 찬술할 만한 훌륭한 인재가 없으니, 반드시 대국에

서 지어 보낸 뒤에야 가능할 것이오.

청 사신 : 이것은 우리들의 개인적인 의견이 아니고, 실은 황제의 뜻입니다. 바라건대 우리들의 이번 행차 편에 문장을 지어 보내 황제께서 볼 수 있게 바라니, 전에 하던 대로 문장을 고치는 일 역시 황제께 달린 일입니다.

인조 : 이것은 예사로운 비문이 아니고 황제의 덕을 칭송하며 천년토록 전할 것인데, 우리나라의 문사(文詞)가 졸렬하여 찬술하기 어려우니 이 때문에 여겨 주저한 것이오. 그러나 이렇게까지 수고롭게 말씀하시니 감히 어기지 못하겠소. 대신에게 물어서 문예에 조금 장기가 있는 자를 택하여 지어 보도록 하겠소.

《승정원일기》 인조 15년(1637) 11월 25일

이때 청나라 사신으로 파견된 용골대와 마부대는 비석에 들어갈 문장, 즉 비문을 조선에서 직접 쓰라고 한 것이다. 단순히 청나라에서 보내준 문장을 새기는 것이 아닌 조선에서 반성문처럼 문장을 쓰면 이를 황제에게 보내 채점해보겠다는 심산이었지. 이는 과거 명나라와 외교에 있어 여러 주변국과 비교해 문장을 잘 써서 높은 명성을 얻었던 조선이었으니 역으로 새로운 상국이 된 청나라에게도 동일한 행동을 보이라는 의도이기도 했다.

물론 이렇게 비석을 새우면 조선 정부의 자존심에 큰 상처가 될 것이 분명하다. 조선이 문장을 직접 써 정복자를 찬양하는 글을 쓴다는 것은 또 다른 굴복을 의미했으니까. 이를 볼 때 그동안 조선을 자주 다니며 조선 문화에 대한 이해도가 높던 용골대와 마부대였기에 가능했던 제안이 아닐까 싶군. 당연히 인조는 조선의 자존심이 더욱 무너지는 일이었으므로 이를 진행할 만한 인재가 없다고 항변했지만 당당한 청나라 사신들에게 이런 논리는 통하지 않았다. 이에 어쩔 수 없이 사람을 뽑아 문장을 쓰도록 했으니.

장유(張維)·이경전(李慶全)·조희일(趙希逸)·이경석(李景奭)에게 삼전도비의 글을 짓게 하였는데, 장유 등이 다 상소하여 사양하였으나, 왕이 따르지 않았다. 세 신하가 마지못하여 다 지어 바쳤는데 조희일은 고의로 글을 거칠게 만들어 채용되지 않기를 바랐고, 이경전은 병 때문에 짓지 못하였으므로, 마침내 이경석의 글을 썼다."

《조선왕조실록》 인조 15년(1637) 11월 25일

이 일에 선택된 이는 결국 이경석이었다. 굴욕적

커다란 귀부 바로 옆으로 그보다 작은 귀부가 비석이 없는 채로 있다. 이 작은 거북이 처음 제작한 귀부였던 것. ©Park Jongmoo

인 문장을 쓰는 순간 평생 이 일로 비난받을 것이 뻔했지만 그는 아무도 맡지 않으려는 일을 맡을 수밖에 없었지. 이렇게 대청황제공덕비에 들어갈 문장은 얼추 완성되었다. 그리고 해당 문장을 청 황제에게 보내 일부 내용을 수정받은 후 이번에는 청나라에서 파견된 이들이 만주어와 몽골어로 번역하여 1639년 드디어 삼전도비가 청 황제 홍타이지가 인조의 항복을 받던 장소에 세워졌다.

한편 문장에 이어 귀부와 비석을 제작하는 과정에서도 비석 크기 문제로 청나라 사신의 트집이 이어진 모양이다. 덕분에 다 완성한 거북 모양의 귀부를 새롭게 바꾸는 상황이 일어났으니. 이곳에는 커다란 귀부 바로 옆으로 그보다 작은 귀부가 존재하거든. 그래. 바로 이거다. 비석 없는 거북. 본래 이 작은 거북이 처음 제작한 귀부였던 것. 그러나 아무래도 작은 귀부에는 그만큼 작은 비석이 올라가는 만큼, 이것을 두고 청나라 사신의 지적이 있자 청 황제의 권위에 걸맞는 커다란 귀부와 비석으로 다시금 제작에 나섰다. 그 결과 현재의 큰 귀부와 큰 비석으로 제작된 것. 이런 모습 역시 군기 잡듯 청나라의 지적이 있으면 눈치껏 조선이 빠르게 움직이던 모습을 보여주는 듯해서 기분이 썩 좋지는 않네. 쯧쯧.

이렇듯 삼전도비는 굴욕적인 항복 의식을 한 장소에다 반성문을 쓰듯 조선이 직접 비석에 들어갈 문장을 쓰고 이마저 중간 지적으로 더 큰 귀부와 비석으로 다시 제작하는 등 말 그대로 조선의 고난과 모욕을 상징하고 있었다.

삼전도비가 세워진 후

청나라 사신이 삼전도에 가서 비각(碑閣)을 살펴보았다. 이는 영남의 선비가 비를 파괴하였다는 헛소문이 심양(청나라 수도)에 전해졌기 때문이다.

《조선왕조실록》 인조 18년(1640) 10월 30일

청나라 사신이 삼전도의 비각(碑閣)을 보자고 청하자, 조정에서 삼전도가 남한산성과 멀지 않기 때문에 혹 말 타고 가서 남한산성을 보게 될까 우려하여, 통역관을 시켜 중지하도록 타이르기를, "얼음이 풀려서 건널 수가 없습니다." 라 하니, 청나라 사신이 화내며 말하기를, "강의 얼음이 단단하지 않다면 나루터에서 바라보겠다. 나루터에다 조촐한 음식을 차려야 하니 소 한 마리만 주면 요기를 할 수 있을 것이다." 라 하고는, 마군(馬軍) 100명을 정비하도록 한 다음 말 타고 가서 비각을 보고서 돌아왔다.

《조선왕조실록》 현종 13년(1672) 1월 11일

이날 청나라 사신이 삼전도의 비(碑)를 가서 보려고 종묘(宗廟)를 지나갔다.

《조선왕조실록》 영조 12년(1736) 3월 7일

삼전도비가 세워지자 청나라 사신들은 조선을 방문할 때마다 마치 정례 행사처럼 삼전도비를 방문하였다. 뿐만 아니라 삼전도비가 부수어졌다는 엉뚱한 소문이 청나라에 퍼지면 이를 파악하기 위해 진상단이 파견되기도 했지. 이때마다 조선 정부에서는 혹시나 청 사신들이 삼전도를 들른 김에 그대로 남한산성을 방문할까봐 노심초사했으니, 병자호란에 패한 뒤로 만약을 대비해 슬그머니 성곽과 산성 내부를 정비한 것을 들킬까 걱정했기 때문이다.

사실 청나라는 조선의 항복을 받으면서 "조선의 성곽을 보수하거나 새로 짓지 말 것"을 강화 조약으로 내밀었거든. 한마디로 언제든 상국인 청나라가 때리면 조선은 무방비로 가만히 맞아줄 상태를 유지하라는 거지. 그러나 조선 정부가 이를 어기고 있었던 만큼 청나라 사신에게 남한산성의 현 상황을 들키면 청나라가 또다시 병력을 몰고 쳐들어올까봐 걱정이 된 것이다. 이렇듯 조마조마 외교 시대가 열린다.

한편 청 사신들의 삼전도비 방문은 홍타이지 시기 3회, 강희제 시기 28회, 옹정제 시기 7회, 건륭제 시기 1회에 이르렀으며, 이들은 방문하면 혹시나 글자나 비석이 훼손되었는지 세밀히 파악하였다. 상황이 이러한 만큼 조선 역시 삼전도비가 아무리 마음에 들지 않아도 청 사신에게 꼬투리 잡히면 안 되었기에 관리에 만전을 기할 수밖에 없었으니. 강가 주변이라 종종 큰 홍수가 날 때면 비석이 잘 있는지 우선 체크했을 정도. 이렇듯 삼전도비의 청나라 사신 방문은 청나라의 외교에 있어 중요한 행사 중 하나가 되고 만 것이다. 청나라 입장에서는 해당 비석이 당당한 승리의 역사를 상징하니, 사신이 방문할 때마다 얼마나 자랑스러웠을까.

그러다 1736년 이후부터 청 사신이 직접 삼전도를 찾아가기보다는 비석 탁본을 받아가는 것이 정례가 되면서 비로소 청 사신의 발걸음이 끊기게 된다. 이때 청나라는 최고 전성기를 자랑하던 건륭제(재위 1735~1796) 시기인지라 아무래도 한결 여유도 생긴 모양. 실제로도 조선을 경계하며 크게 압박하던 청나라의 자세 역시 많이 풀린 상황이었거든. '이제 우리가 중국 전역을 완전히 지배하는데, 조선 정도야' 이런 태도라 할까? 그런 만큼 삼전도비 방문과 같은 조선이 모욕적으로 느낄 행동 역시 차츰

1916년 무너진 상태의 삼전도비. 사진. 국립중앙박물관.

줄여나갔다. 그 무렵 조선에서도 북학의, 실학 등이
발전하면서 청나라로부터 배울 것은 배우자는 사상
이 생겨나기도 했지.

　　세월이 훌쩍 지나 청일전쟁(1894~1895)에서 중
국을 지배하던 청나라가 일본에게 패하는 놀라운
일이 벌어졌다. 이는 17세기 명청 교체기에 이어
250년 만에 동아시아에 새로운 시대가 시작되었음
을 알리는 일대 사건으로 인식된다. 그러자 조선 정
부는 병자호란 이후 상국으로 대하던 청나라와의
관계를 재편하면서 삼전도비를 무너뜨렸다. 더 이

상 청나라 눈치를 볼 필요가 없다 하여 아예 비석을 귀부에서 뽑아버린 것. 이렇듯 조선의 고난과 모욕을 상징하는 비석은 무너졌지만 우리 손으로 이룩한 새로운 시대가 아닌 만큼 당연하게도 조선의 주변 상황이 좋아진 것은 아니었다. 얼마 뒤 한반도는 식민지가 되어 일본의 통치를 받고 말았으니까. 이로서 삼전도비가 세워질 때보다 더한 모욕과 고난의 시기로 이어진다.

한편 일본의 한반도 통치기구인 조선총독부는 1910년대에 들어와 무너진 삼전도비를 다시 세우는 계획을 진행한다. 이는 해당 비석을 자신들의 한반도 지배 정당성을 상징하는 작품으로 재해석했기 때문. 게다가 한반도 사람들은 주변에 강대한 세력이 생기면 알아서 반성문까지 써서 올리며 고개를 숙이는 나약한 민족이라 인식시키기에 딱 좋았거든. 비석을 다시 세움으로써 여진의 청나라에 이어 일본이 아시아 최강이 된 만큼 또 다시 알아서 기라는 의미를 줄 수 있었지. 상황이 이렇게 되자 삼전도비는 청나라에 의한 모욕, 일본에 의해 또다시 자행된 모욕 등 치욕의 역사 유물이라는 낙인 속에 독립 후 이승만 정부에 의해 이번에는 땅 속에 완전히 묻혀버린다.

하지만 1960년대 초 한강 대홍수로 인해 땅이 파

다시 세워진 삼전도비의 모습. 1932년. 사진. 국립중앙박물관.

헤쳐지며 다시금 그 모습을 드러낸다. 이승만 하야 후 자리잡은 대한민국 제2공화국에서는 삼전도비를 강가에서 먼 송파구 석촌동으로 옮기도록 했다. 이는 본래 위치보다 700m 남쪽이며, 지대가 높아 과거와 달리 홍수가 나더라도 안정적인 장소였지. 이를 미루어볼 때 치욕을 담은 비석일지라도 어쨌든 보호가 필요한 유물이라는 인식을 했나봄.

그러다 1982년 전두환 시대 때 삼전도비 주변을 과거 역사를 기념하는 공원으로 꾸미면서 역사 공원 내 비석이 되었다. 치욕적인 역사일지라도 이를 잊지 말고 그 속에서도 교훈을 찾자는 의도였다고 하는군. 글쎄? 개인적으로 볼 때 근대에 들어와 일제 강점기, 즉 식민지까지 경험한 마당이라 삼전도비 정도의 치욕은 어느 정도 감내할 만한 상황이 된 것이 아닐까 싶다. 더한 경험을 하고 바라보니 웬걸? 순한 맛이 된 것이다. 이걸 웃어야 할지. 울어야 할지.

그렇게 한동안 조용히 지내는 듯하더니, 2007년 큰 사건이 터졌다. 삼전도비 비석에 '철거'를 외치는 붉은 스프레이 글자가 새겨진 것. 누군가가 이런 치욕적인 비석은 없애버려야 한다며 벌인 사건이었다. 실제로도 해당 사건은 여러 뉴스를 통해 알려지며 꽤나 유명했지. 은근 옹호하는 발언도 많았고. 그런데 붉은 스프레이를 지우는 과정 중 삼전도비를 본래 옛 자리로 옮기자는 의견이 갈수록 커져갔다. 이에 따라 지금은 석촌호수가 된 자리가 본래 위치였던 만큼 물에 넣어둘 수는 없는 노릇이니, 그와 가까운 땅인 이곳에 2010년 다시금 비석이 서게 된다. 한강 물줄기가 그동안 바뀌면서 벌어진 일이다.

이렇게 쭉 살펴보니, 참으로 사연이 많은 유물이구나.

발걸음을 옮기다가

충분히 삼전도비를 감상했으니, 슬슬 떠나야겠
다. 그런데 참으로 안타깝단 말이야. 이런 최악의 사
태를 조선 사람들은 과연 예견하지 못했을까?

후금이 요동성에 들어가 버티고 있으므로 중국
의 장관들이 차례로 적에게 항복하고 있다. 심지어
요동 지방의 인재들 200여 명이 원숭환을 결박하여
넘겨주었다고 한다. 비록 명나라에서 30만 명이나
되는 군사가 나온다 하더라도 이는 모두 일찍이 오
랑캐를 경험하지 못한 군사들이다. 영솔하는 대장
들이 과연 이목(李牧, 전국 시대 명장)이나 이정(李
靖, 당나라 명장)과 같은지는 자세히 알 수 없으나
그들의 갑옷과 무기가 파손되어 형편이 없다고 한
다. 멀리에서 온 군사들이 어떻게 정예롭고 건장하
겠는가.
중국의 형세가 참으로 급급하기만 하다. 이런 때
에 안으로 스스로를 강화하면서 밖으로 견제하는
계책을 써서 고려(高麗)에서 했던 것과 같이 한다면

나라를 보전할 수 있을 것이다. 그런데 요즘 우리나라의 인심을 살펴보면 안으로 일을 힘쓰지 않고 밖으로 큰소리치는 것만 일삼고 있다. 조정의 신하들이 의견을 모은 것을 가지고 보건대, 무장들이 올린 의견은 모두 강에 나가서 결전을 벌이자는 의견이었으니 매우 가상하다 하겠다. 그렇다면 지금 무사들은 어찌하여 서쪽 변경은 죽을 곳이라도 되는 듯이 두려워하는 것인가.

고려에서 했던 것에는 너무도 미치지 못하고 있으니, 부질없는 헛소리일 뿐이다. 강홍립 등의 편지를 받아 보는 것이 무엇이 구애가 되겠는가. 이것이 과연 적과 화친하자는 뜻이겠는가. 우리나라 사람들이 끝내는 반드시 큰소리 때문에 나라 일을 망칠 것이다.

《조선왕조실록》 광해군일기(중초본) 13년(1621) 6월 6일

병자호란이 터지기 15년 전인 어느 날 광해군은 작심한 듯 발언을 이어갔다. 당시는 여진이 세운 후금, 즉 청나라 전신(前身)이 요동 대부분을 장악하면서 그곳의 한족마저 여진에게 빠르게 포섭되는 상황이었다. 뿐만 아니라 명나라 군대는 패배가 계속 쌓이니, 성에서 방어전 외에는 감히 대결조차 꿈꾸지 못할 정도로 여진을 매우 두려워하였다. 오죽하

면 명나라 최후의 명장인 원숭환까지 후금에 잡혔다는 잘못된 소문이 조선에 퍼질 정도.

참고로 원숭환(袁崇煥, 1584 ~ 1630)은 북방에서 여진의 침입을 여러 차례 막아낸 영웅이었으나 이때가 아닌 9년 뒤인 1630년에 명 황제의 명령에 의해 능지처참으로 처참한 죽음을 맞이한다. 다름 아닌 명 황제가 원숭환이 반란을 일으킨다고 의심했기 때문. 대략 선조와 이순신 관계와 유사했다고 이해하면 좋을 듯싶군.

이처럼 분위기가 급박하게 돌아감에도 조선에서는 목소리만 큰 사람들이 가득했으니, 왕 앞에서는 여진과 대결을 강하게 주장하면서도 실제로는 서북방 국경 방위마저 두려워하는 모습을 보이고 있었다.

한편 광해군은 명나라와 연합으로 여진을 공격하기 위해 1만 8000명의 조선 병력을 북방으로 파견한 적이 있었거든. 하지만 1619년 요동의 사르후 전투에서 6만의 여진 병력에게 10만의 명나라 조선 연합군은 큰 패배를 당하고 말았다. 이때 조선군 원수였던 강홍립은 거대한 살육에서 겨우 살아남은 5000명의 병력과 함께 여진에게 항복한 후 중요한 정보를 편지로 광해군에게 때때로 보냈다. 당연히 광해군은 적진 속에 포로로 있는 강홍립의 편지 덕

광해군 13년(1621) 훈련도감에서 사르후 전투 과정을 그림으로 남겼
는데, 그중 조선 군대가 후금 군대와 조우하는 장면인 파진대적도(擺
陣對賊圖). (좌) 후금군. (우) 조선군. 서울대 규장각.

분에 여진의 상황을 어느 정도 파악할 수 있었고.

그런데 이와 같은 중요한 정보 교류마저 신료들
은 강하게 비판하고 있었던 것이다. 왜냐면 강홍립
은 명나라의 은혜를 저버리고 여진족에게 항복한
죄인이니까. 그런 그와 왕이 교류하는 것은 명나라
를 배신하고 청나라와 화친하려는 의도라는 것. 이
렇듯 능력은 안 되면서 완고한 성리학적 사상으로
무장된 채 무조건적인 친명반청 정책을 주장하는

사르후 전투 과정 중 강홍립이 후금에 투항하는 장면인 양수투항도(兩帥投降圖). 서울대 규장각.

신료들의 모습에 질려버렸는지 광해군은 폭발하고 말았다. 고려처럼 해야 우리가 살아남을 수 있다는 위의 주장이 바로 그것. 그리고 신료들이 지금처럼 현실감 없는 허황된 주장을 계속 이어가다간 분명 나라 일을 망칠 것이라 예측하였다.

하지만 광해군의 이러한 태도는 신료들에게 성리학 사상과 어긋난 행동으로 여겨졌다. 그러다 계속된 내정 실패와 신료들의 불만이 쌓이며 1623년 반정이 벌어지니, 이로서 강력한 친명 정책을 강조하던 인조가 조선 왕에 오른다. 이때는 친명 반청 정책을 펼치기에 더욱 여건이 좋지 않았건만 국제 정세를 읽는 눈은 오히려 더욱 협소해진 것. 그 결과 여진은 북방의 몽골과 한족을 통합하며 갈수록 강해지더니, 1636년 후금에서 청나라로 나라 이름을 바꾸며 아예 황제국을 표방한 반면 조선은 여전히 목소리만 클 뿐 제대로 된 국방력 강화는 이루어지지 않았지.

이에 남다른 무력을 자랑하던 청나라에서는 반드시 조선을 먼저 손보겠다는 결론을 냈고, 그것이 바로 병자호란이라 하겠다. 쯧쯧. 이를 미루어볼 때 협소한 눈으로 단순하게 세상을 보는 이는 결코 권력을 잡으면 안 되는 듯. 현실 감각을 잃은 외교가 만들어낸 후폭풍은 우리처럼 주위에 강대국으로 둘러싸인 국가에게는 더욱 크게 다가오니까. 물론 그 피해는 당연히 일반 백성이 가장 크게 경험하니 이것이 냉혹한 현실이다.

헌데 광해군은 당시 왜 그리 분노를 터트리며 고려를 배워야한다고 말했던 것일까?

2
남한산성 가는 길

전철역으로 이동

음. 오늘 따라 날이 좋아서 그런지 여행을 더 하고 싶어지는걸. 근처 잠실역에서 지하철 8호선을 타고 남쪽으로 이동하면 산성역에 갈 수 있다. 그곳에서 가까운 정류장으로 이동해 버스를 타면 남한산성이 있는 산을 향해 등산하듯 쭉 올라가거든. 한 마디로 산을 타는 버스. 덕분에 산 위로 올라갈수록 서서히 작아지는 주위 도시 풍경을 감상할 수 있어 무척 기분이 좋아지지. 개인적으로 정말 추천하고 싶은 버스 여행 루트다.

그래. 병자호란 이야기를 시작한 김에 남한산성을 오랜만에 방문해봐야겠군. 아무래도 병자호란 때 최고 격전지였던 만큼 남다른 의미를 줄 것 같거든. 새로운 계획을 세운 채 북으로 조금 걸어가니, 금세 지하철 입구가 보인다. 저기로 내려가서 8호선 타는 곳으로 이동하면 끝. 룰루랄라. 아참. 그런데 아까 광해군이 고려를 언급했다는 이야기까지 했었지. 8호선으로 걸어가며 마저 그 이야기를 이어가볼까?

청나라를 세운 여진과 조선의 전쟁은 1619년 요동의 사르후 전투 → 1627년 정묘호란 → 1636년 병자호란으로 이어졌다. 반면 요나라를 세운 거란과 고려의 전쟁은 993년 1차 전쟁 → 1010년 2차 전쟁 → 1018년 3차 전쟁으로 이어졌지. 즉 두 전쟁 모두 상당히 긴 기간 동안 벌어진 사건이었다는 사실. 이는 곧 고려, 조선 모두 전쟁을 대비할 시간 역시 마음만 먹는다면 충분했음을 의미했다. 그러나 모두 다 알다시피 고려는 최종적으로 승리를 거둔 반면 조선은 굴욕의 패배를 당하고 만다.

이 중 사대부들의 완고한 태도에 질려버린 광해군이 고려를 배워야 한다고 강조한 1621년 시점은 사르후 전투와 정묘호란 사이였다. 이를 미루어볼 때 혹시 가까운 시일 내 벌어질 수도 있는 여진과의 더한 대립을 대비하기 위해 고려를 배워야 한다고 말했음을 알 수 있군. 그렇다면 광해군이 특별히 주목한 고려의 모습은 어떤 것이었을까?

고려 시대 그러니까 993년부터 1019년까지 거란이 세운 요나라와 고려는 크게 총 3차례 걸친 전쟁을 이어갔다. 이중 1차 전쟁은 서희가 크게 활약한 것으로 잘 알려져 있지. 그렇다. 학창시절 국사 시간 때 반드시 배우는 그 유명한 서희 이야기가 바로 그것. 이렇듯 교과서에서까지 남다르게 강조하는 이유는 말 한마디에 천 냥 빚도 갚는다는 이야기는 들어보았어도 말로 영토를 확장한다는 것은 매우 드문 일이니까. 그만큼 한반도 외교사에 있어 한 획을 긋는 중요한 사건이기에 학생들에게도 반드시 배우도록 한 것이다.

> 서희는 거란의 소손녕이 고구려의 옛 땅을 수복한다고 침입하였을 때 고려 성종(成宗)이 서경(西京, 평양) 이북의 땅을 떼어서 그들에게 주려고 하였고, 또 서경의 창고에 있는 곡식을 풀어 대동강에 던져버리고자 하였으나, 서희가 불가함을 여러 차례 말하고는 자청하여 소손녕의 진영에 가서 거듭 논설하여 힐난하니, 그 말하는 기품이 강개하였으므로 소손녕이 강제로 어찌하지 못할 것을 알고 병사를 이끌고 돌아갔습니다.
>
> 《조선왕조실록》 단종 1년(1452) 12월 13일

그래서일까?《조선왕조실록》뿐만 아니라《동국통감》,《신증동국여지승람》,《동사강목》,《휘찬여사》,《증보문헌비고》등의 조선 역사서와 고문헌 등에도 해당 사건이 당당히 실려 있을 정도로 서희는 조선 시대에도 여전히 높은 평가를 받았다: 이에 광해군은 사르후 전투 이후 여진의 실력이 과거와 달

리 결코 만만치 않음을 깨닫고 서희가 보여준 현실적이고 냉정함을 지닌 외교술처럼 여진과 명나라 사이에서 균형 외교를 펼쳐야겠다고 마음먹었던 것.

음. 이제 지하철이 오는구나. 타자. 오후라 그런지 사람이 없어 앉아 갈 수 있겠다. 점차 나이가 들어서 그런지 갈수록 대중교통을 탈 때마다 의자가 가장 먼저 의식되고 있음. 하하.

서희의 외교 담판

운 좋게도 지하철을 처음부터 앉아서 가다니, 참으로 편하구나. 의자 덕분에 편안한 만큼 잠시 휴대폰을 꺼내 이런 저런 정보를 살펴보다가 검색창에 '서희'를 가만히 쳐본다. 음. 서희 관련한 여러 정보 중에서 표준 영정이 가장 먼저 눈에 띄는걸.

서희의 표준 영정은 2013년 권오창 화백이 그린 작품이다. 안타깝게도 고려 시대 그려진 초상화는 고려 말 유학자였던 이제현 외에는 거의 남아있지 않거든. 그런 만큼 서희 영정은 상상화에 불구하지만 당당하면서도 한편으로는 서늘할 정도로 냉정함이 느껴지는 표정에서 마치 살아있는 서희를 만난 기분이네. 이는 그린 작품 중 국가 표준 영정만 무려 17점이 공인될 정도로 해당 분야에 있어 최고 전문가로 불리는 권오창 화백의 손에서 그려져서 그런 듯.

1970년대에 그려진 여러 표준 영정이 시대상에 맞지 않은 복식으로 비판받는 반면, 1990년대부터 표준 영정을 그리기 시작한 권오창 화백은 당대 복

서희 영정.

식을 최대한 잘 살린 표현으로 유명하다. 덕분에 크게 호평받는 초상화를 매번 선보이는 중. 개인적으로 이렇듯 관심을 가지는 이유는 만일 내가 그림을 잘 그렸다면 권오창 화백과 유사한 일을 하고 싶었거든. 위대한 역사 인물을 그리는 일. 너무나 아름다운 작업이 아닐지. 참고로 권오창 화백은 미술을 전공하지는 않았으나 타고난 그림 실력에다 박물관과 미술관을 다니며 옛 그림과 복식을 철저히 연구한 끝에 전통 초상화 분야 최강자가 된 인물이라는 사실. 참으로 대단한 이력이다.

표준 영정을 확인한 만큼 좀 더 현실감을 지닌 채 《고려사》 열전에 기록된 서희(徐熙, 942~998)의 활약상을 살펴보자. 내용이 좀 기니 중간 중간 잘라가며 읽어봐야겠군. 한반도 외교사에 있어 손꼽히는 사건 중 하나인 만큼, 이번 기회에 그 내용을 제대로 뜯어봐야지.

고려 성종 12년(993)에 거란이 침략하자, 서희는 중군사(中軍使, 방어군 지휘자)가 되어 박양유·최량과 함께 북계(北界, 지금의 평안도)에 군사를 주둔하고 이에 대비하였다. 성종도 친히 방어하고자 평양으로 행차하여 안북부(安北府, 안주)까지 가서 머물렀다. 그때 거란의 동경유수(東京留守, 요동 랴오양) 소손녕이 봉산군(蓬山郡, 평안북도 태천군)을 격파하고, 아군의 선봉군사(先鋒軍使) 윤서안 등을 포로로 삼자, 성종이 이 말을 듣고 나서 더 이상 진군하지 못하고 되돌아왔다.

당시 고려는 한족이 세운 국가인 송나라와 교류하면서 거란의 요나라와는 대립 중이었다. 한편 송나라와 요나라가 979년, 986년 두 차례 큰 전쟁을 벌이는 등 분위기가 격화되자 요나라로서는 후방 안정화에 대한 고민이 갈수록 커져갔다. 혹시나 고려가 송나라와 함께 연합하여 동시에 요나라를 공격해 들어온다면 무척 골치 아파질 테니까.

고민 끝에 요나라에서는 993년 요동을 통치하던 소손녕에게 병력을 이끌고 고려를 공격하도록 명한다. 이로서 1차 고려—요나라 전쟁이 시작된 것. 그러자 서희는 군대 지휘관이 되어 병력을 이끌고 북쪽 국경으로 이동했고 고려 왕 성종 역시 아군 사기진작을 위해 평양 북쪽까지 직접 이동하였다. 그러나 소손녕이 봉산군을 빠르게 점령하고 고려 병력을 포로로 잡으니, 분위기가 좋지 않다 여겨 고려 왕 성종은 평양으로 후퇴하게 된다.

서희가 군사를 이끌고 봉산군을 구원하려고 하자 소손녕이 소리 질러 말하기를, "우리 요나라가 이미 고구려의 옛 땅을 모두 차지하였는데, 이제 너희 나라가 국경 지대를 침탈했으므로 내가 와서 토벌한다." 라고 하였다. 또 편지를 보내 이르기를, "우리 요나라가 천하를 통일하였는데 귀부하지 아니한다면, 기어이 소탕할 것이다. 속히 이르러 항복하고 지체하지 말라." 라고 하였다.

서희가 글을 보고 돌아와서 강화할 수 있는 여지가 있다고 아뢰자, 성종은 이몽전을 거란 진영으로 보내어 강화를 요청하도록 하였다. 소손녕이 다시 편지를 보내 이르기를, "80만 명의 군사가 당도했으니 만약 강으로 나와 항복하지 않는다면 모조리 섬멸할 것이므로, 임금과 신하들이 속히 아군 앞에 와서 항복해야 한다." 라고 하였다. 이몽전이 적의 진영으로 가서 침략해온 이유를 묻자, 소손녕이 말하기를, "너희 나라가 백성을 구휼하지 않으니, 하늘을 대신해 벌을 내리는 것이다. 만약 강화를 구하려거든 빨리 와서 항복해야만 한다." 라고 하였다.

《고려사》 열전 서희

서희는 처음에는 군사를 이끌고 함락된 봉선군을 되찾으려 했으나 소손녕은 더 이상 전쟁을 이어가지 않고, 다짜고짜 자신들이 고구려 옛 땅을 모두 차지한 만큼 고려보고 항복하라고 하는 것이 아닌가? 그러자 서희는 적의 행동을 보아하니 요나라가 허장성세를 보일 뿐 진짜로는 싸울 생각이 없음을 단번에 간파한다. 그런 만큼 외교적 합의가 가능하다고 여겨 성종에게 의견을 제시하고, 고려 왕은 거란의 의도를 제대로 파악하기 위해 이몽전을 사신으로 삼아 소손녕에게 보낸다.

이몽전이 돌아오자, 성종이 여러 신하들을 모아 이에 대해 의논하였다. 어떤 사람이 말하기를 왕은 개경으로 환궁하고, 중신으로 하여금 군사를 이끌고 항복을 간청하자고 하였다. 또 어떤 사람은 말하기를 평양 이북의 땅을 분할하여 그들에게 주고, 황주(黃州)에서 절령(嵒嶺)까지를 국경으로 구획하자고 하였다.

성종은 땅을 분할해주자는 의견을 따르고자 하여 평양 창고의 쌀을 개방하여 백성들이 마음대로 가져가게 하였는데 여전히 남은 곡식이 많으니, 성종은 혹시 적의 군량미로 사용될까 우려하여 대동강에 던져버리라고 명령하였다. 서희가 아뢰어 이르기를, "식량이 넉넉하면 성을 지킬 수 있으며, 전투에도 이길 수 있습니다. 전쟁에서의 승패는 강하고 약한 데 있는 것이 아니라, 적의 틈을 잘 살펴 움직여야 합니다. 어찌 갑자기 식량을 버리라고 하십니까? 하물며 식량은 백성의 생명이니, 차라리 적의 군량이 될지라도 헛되이 강에다 버리겠습니까? 그

평양을 요나라에게 넘겨주고 지금의 평안도와 황해도 사이를 국경으로 삼으면 소손녕이 떠날 것이라는 의견.

것은 하늘의 뜻에도 맞지 않을 것입니다."라고 하였다. 성종이 옳은 말이라 여기고 중지하였다.

《고려사》 열전 서희

사신 이몽전이 돌아와 적의 기세가 남다르다는 것을 알리자, 크게 놀란 고려 조정은 두려움에 떨었다. 그러더니 자신들이 고구려 영토를 거의 다 장악했다고 주장하는 요나라 의견에 따라 원래 고구려 영역이었던 평양을 넘겨준다면 소손녕이 떠날 것이라 생각한 모양. 대신 지금의 평안도와 황해도 사이를 국경으로 삼자는 의견이 대세가 된다. 성종은 신료들의 의견을 따르며 평양의 창고를 개방하여 백성들이 마음껏 가져가게 하고 나머지는 대동강에 버리도록 명했다. 어차피 평양까지 요나라에게 넘겨줄 것이라면 텅 빈 상태로 넘겨줄 심산. 그러자 서희는 전쟁의 승패는 적의 틈을 잘 파악하는 것에 있다면서 반대 의견을 올렸다. 이렇게 손쉽게 평양을 넘길 수 없다는 의미였지.

서희가 또 아뢰며 이르기를, "거란의 동경(東京, 요동)으로부터 우리 안북부(安北府, 안주)까지 수백리 땅은 모두 여진족이 살던 곳인데, 고려 광종(光宗)이 그것을 빼앗아 가주(嘉州)·송정(松城) 등의 성을 쌓았습니다. 지금 거란이 왔으니, 그 뜻은 이 두 성을 차지하려는 것에 불과한데, 그들이 고구려의 옛 땅을 차지하겠다고 떠벌리는 것은 실제로 우리를 두려워하는 것입니다. 지금 그들의 군세가 강성한 것만을 보고 급히 평양 이북 땅을 떼어 그들에게 주는 것은 나쁜 계책입니다. 게다가 삼각산(三角山) 이북도 고구려의 옛 땅인데, 저들이 한없는 욕심을 부려 요구하는 것이 끝이 없다면 우리 국토를 다 줄 수 있겠습니까? 하물며 땅을 떼어 적에게 주는 것은 만세(萬世)의 치욕이오니, 원하옵건대 주상께서는 도성으로 돌아가시고, 신들에게 한 번 그들과 싸워보게 한 뒤에 다시 의논하는 것도 늦지 않습니다."라고 하였다.

《고려사》 열전 서희

뿐만 아니라 서희는 삼각산(三角山), 즉 북한산까지도 본래 고구려 땅이었는데, 요나라가 이번 성과에 흡족해하지 않고 더한 것을 요구한다면 어찌할 것이냐고 반문하였다. 외교의 기본은 무조건 퍼주는 것이 아니라 냉정하게 따질 부분은 따진 후 얻어낼 것은 얻어내는 부분이 중요하다는 의미. 실제로도 외교를 할 때 일방적인 양보가 좋은 결과를 가져다주는 경우는 거의 없거든. 오죽하면 저럴까 하면서 상대방이 업신여기는 경우가 대부분이니까.

소손녕은 이몽전이 돌아간 뒤에도 오랫동안 회답이 없자, 마침내 안융진(安戎鎭, 평안남도 문덕군)을 공격하였다. 대도수와 유방이 그들과 싸워서 이기자, 소손녕은 감히 다시 진군하지 못하고 사람을 보내어 항복을 재촉하였다. 성종이 장영을 시켜 거란 진영에 가게 하니, 소손녕이 말하기를, "마땅히 다시 대신(大臣)을 군영 앞으로 보내어 대면해야 할 것이다."라고 하였다.

장영이 돌아오자, 성종은 여러 신하들을 모아 물어 이르기를, "누가 능히 거란의 진영으로 가서 말로써 군사를 물리쳐서 공을 세우겠는가?"라고 물어보았다. 신하들 가운데 응하는 사람이 없었는데, 서희가 홀로 아뢰어 이르기를, "신이 비록 영민하지는 않지만, 어찌 감히 분부를 따르지 않을 수 있겠습니까?"라고 하였다. 왕이 강어귀까지 나와서 손을 잡고 그를 위로하고 보내었다.

《고려사》 열전 서희

소손녕은 고려 정부가 반응이 없자 남으로 더 내려와 안융진을 공격했지만 이를 고려군이 막아내는 데 성공한다. 그러자 소손녕은 더 이상 진군을 하지 못한 채 단지 항복을 재촉할 뿐이었다. 이때 비로소 고려 정부에서도 소손녕의 80만 대군 운운이 완벽한 거짓임을 알게 된다. 실제로 80만 대군을 끌고 왔다면 엄청난 병력수를 이용해 고려의 이곳저곳을 과감하게 공격했을 텐데, 전혀 그런 모습을 보이지 못하고 있었거든. 이는 곧 요나라의 실제 병력은 그에 훨씬 못 미친다는 뜻. 그런 만큼 고려 성종은 이제 외교로 강화를 맺을 순간임을 깨닫고 그 임무를 서희에게 맡긴다.

서희가 국서(國書)를 받들고 소손녕의 군영에 가서 통역자로 하여금 상견례의 절차를 묻게 하였다. 소손녕이 말하기를, "내가 큰 조정의 귀인(貴人)이니, 네가 마땅히 뜰에서 절해야 한다."라고 하

서희의 외교 담판 민족 기록화. 1976년. 이인영. 전쟁기념관.

였다. 서희가 말하기를, "신하가 군주에게 아래에
서 절을 올리는 것은 예의지만, 두 나라의 대신이
서로 만나는데 어찌 이와 같이 할 수 있겠소?"라고
하였다. 두세 번 절충하려 왔다 갔다 했지만, 소손
녕은 허락하지 않았다. 서희가 노하여 돌아와 관사
에 드러누운 채 일어나지 않으니, 소손녕은 마음속
으로 그를 기이하게 여기고 마침내 허락하여 마루
로 올라와 대등하게 예를 행하도록 하였다. 이에 서
희는 군영의 문에 이르자, 말에서 내려 안으로 들어
갔다. 소손녕과 뜰에서 서로 절하고 마루로 올라가
예법에 맞게 행하고 동서로 마주 앉았다.

외교에서 중요한 것은 절차와 격식이다. 소위 의전(儀典)이라고도 부르는데, 현대 외교에서도 무척이 부분을 중요하게 여기지. 그런 만큼 국가수반이서로 만나는 경우에는 의전 준비에만 엄청난 시간을 투입하기도 한다. 이는 국가의 자존심과도 바로연결되는 일이기 때문. 그래서일까? 종종 기 싸움이벌어지기도 하는 것이 의전이라 하겠다. 예를 들면격에 맞지 않은 장소에다 일부러 상대방을 초청하는 방식 등이 바로 그것. 이 경우 해당 나라를 제대로 대우하지 않겠다는 의도가 내포되어 있지.

바로 그 기 싸움이 이때도 벌어졌던 것. 소손녕은자신이 대국의 신하이니 소국의 신하인 서희가 뜰에서 절을 해야 한다고 주장하였다. 반면 서희는 타국 군주에게 절하는 것은 예의가 맞지만 어찌 신하가 다른 신하에게 절을 할 수 있는지 비판한다. 그럼에도 소손녕이 자신의 주장을 굽히지 않자 서희는아예 관사에 누운 채 움직이지 않았다. 의전이 격에맞지 않다면 외교를 더 이상 진행하지 않겠다는 뜻을 강하게 보인 것. 그래서야 소손녕은 마음을 바꾸어 신하와 신하가 만나는 예에 따라 뜰에서 동시에같이 절을 하고 동서로 마주 앉은 채 회의를 진행하

기로 한다. 이로서 기 싸움에서 고려가 이긴 채 외교
가 시작되었다.

소손녕이 서희에게 말하기를, "너희 나라는 신
라 땅에서 일어났고, 고구려 땅은 우리 소유인데,
너희들이 침범해왔다. 그리고 우리와 국경을 접하
고 있는데도 바다를 넘어 송나라를 섬기기 때문에,
오늘의 출병이 있게 된 것이다. 만약 땅을 분할해
바치고 통교에 힘쓴다면, 무사할 수 있을 것이다."
라고 하였다.

이에 서희가 말하기를, "그렇지 않다. 우리나라
가 바로 고구려의 옛 땅이기 때문에, 국호를 고려라
하고 평양(平壤, 서경)에 도읍하였다. 만일 국경 문
제를 논한다면, 요나라의 동경(東京, 요동)도 모조
리 우리 땅에 있는데, 어찌 우리가 침범해 왔다고
말하는가? 게다가 압록강 안팎 또한 우리 땅인데,
지금 여진족이 그 땅을 훔쳐 살면서 교활하게 거짓
말을 하면서 길을 막고 있으니, 요나라로 가는 것은
바다를 건너는 것보다 더 어렵다. 통교가 되지 않는
것은 여진 때문이니, 만약 여진을 쫓아내고 우리의
옛 영토를 돌려주어 성과 보루를 쌓고 도로를 통하
게 해준다면, 어찌 감히 교류를 잘하지 않겠는가?
장군께서 만일 나의 말을 요나라 천자께 전달해준

다면, 어찌 천자께서 받아들이지 않겠는가?'라고
하였다.

　그 말투가 강개하여 소손녕도 어찌할 수 없음을
알고, 마침내 그대로 요나라 정부에 보고하였다."

《고려사》 열전, 서희

　소손녕은 고려는 다름 아닌 신라에서 시작된 나
라이니, 고구려 영역을 장악한 요나라에게 옛 고구
려 영토를 넘긴 후 요나라와 교류를 시작하라는 기
존 주장을 되풀이했다. 이에 대해 서희는 다음과 같
이 주장했으니.

　1. 고려라는 국호에서 알 수 있듯 우리가 바로 고
구려의 후계자다. 잘 알려지지 않은 사실이나 실제
로도 고구려는 장수왕 시절부터 고려로 국호를 바
꿨거든. 즉 동일한 국호를 사용한 것. 이를 통해 고
려가 신라에서 시작된 것이 아닌 고구려 후계자임
을 분명하게 알려준다.
　2. 그렇다면 요나라 논리에 따르면 국경에 있어
서도 고구려의 후계자인 고려가 오히려 요나라가
지배 중인 요동 지역까지 우리 것이라 주장할 근거
가 있다. 즉 단순히 고구려 영역을 내놓으라는 요나
라 주장은 논리상 전혀 맞지 않다는 뜻.

3. 우리가 요나라와 교류하지 못하는 진짜 이유는 본래 고구려 땅이었던 압록강 주변에 살고 있는 여진족 때문이다. 이들을 내쫓고 고려가 길과 성을 새로 쌓는다면 요나라와 교류가 가능해진다. 그러니 앞으로 압록강 주변 땅을 우리가 관리하겠다.

이러한 서희의 주장에 대해 소손녕은 더 이상 논박하지 못한다. 자신의 논리가 완벽히 깨져버렸기 때문. 그렇다고 다시금 힘으로 압박하자니, 외교를 진행하는 동안 시간을 번 고려가 그동안 군대를 재정비했을 가능성이 컸다. 갑작스러운 공격에도 고려 성을 정복하기 힘들었는데, 소손녕에게는 쉽지 않은 여정이 자연스럽게 그려졌겠지. 이에 사람을 요나라 정부에 보내 어떻게 결정하면 좋을지 명을 기다리기로 한다.

요나라 황제가 이르기를, "고려가 이미 강화를 요청해왔으니, 마땅히 군사 행동을 중지하라."라고 하였다. 소손녕이 잔치를 베풀고 노고를 위로하고자 하니, 서희가 말하기를, "본국이 비록 잘못한 일은 없다고 하더라도 요가 수고롭게 군대를 내어 멀리 오게 되었으니, 상하 모두가 당황하여 무기를 들은 채로 여러 날을 들판에서 지새웠으므로 어찌 차마 잔치를 열고 즐기겠는가?"라고 하였다. 소손녕이 말하기를, "두 나라의 대신이 서로 만났는데, 어찌 즐거운 예의가 없겠는가?"라고 하며 굳이 요청하자, 마침내 서희가 수락하고 즐겁게 놀다가 파하였다.

《고려사》 열전, 서희

요나라 정부에서는 내용을 전달받자 비록 고려가 형식적이지만 항복한 것으로 여기고 전쟁을 멈추도록 명했다. 당시 요나라는 고려가 송나라와 적극적으로 손잡는 것을 막는 것이 1차 목표였기에 이정도면 충분한 성과라 여긴 모양. 뿐만 아니라 고려가 앞으로 요나라와 적극 교류하기로 한 만큼 여진족이 살고 있는 압록강 주변 영역까지 고려가 관리하는 것 역시 긍정적으로 보았지. 그렇게 외교가 마무리되자 서희와 소손녕은 잔치를 함께 즐긴 후 헤어졌다.

서희가 거란 진영에 7일을 머물고 돌아가니 소손녕이 낙타 10마리, 말 100필, 양 1000마리, 비단 500필을 선물로 주었다. 성종이 크게 기뻐하며 강가에 나가 맞이하고, 즉시 박양유를 예폐사(禮幣使)로 삼아 함께 궁궐로 오도록 하였다. 서희가 아뢰어

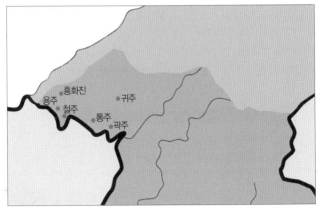

강동 6주.

이르기를, "제가 소손녕과 약속하기를 여진을 깨끗
이 평정하고 옛 땅을 수복한 뒤에야 통교가 가능할
것이라고 하였는데 이제 겨우 강 안쪽을 수복하였
으니, 요청하건대 강 밖의 영토까지 획득하고 나서
수교를 행하더라도 늦지 않을 것입니다."라고 하였
다. 성종은 이르기를, "오래 수교하지 않으면 후환
이 생길까 두렵다."라고 하였다.

성종 13년(994)에 서희가 군사를 거느리고 여진
을 쫓아냈고, 장흥진(長興鎭)·귀화진(歸化鎭)과
곽주(郭州)·귀주(龜州)에 성을 쌓았다. 이듬해 다
시 군사를 거느리고 안의진(安義鎭)·흥화진(興化
鎭)에 성을 쌓았고, 또 그 이듬해 선주(宣州)·맹주

(孟州)에 성을 쌓았다.

《고려사》 열전 서희

서희가 돌아오자 고려 성종은 회담 결과를 보고 크게 반겼다. 처음 전쟁이 시작될 때만 해도 평양을 포함한 북방 영토를 잃을 줄 알았는데, 오히려 압록강 주변까지 고려가 확보할 수 있는 계기가 마련되었으니까. 이에 994년, 995년, 996년 3차에 걸쳐 압록강 주변에 살던 여진족을 서희가 직접 군대를 몰고 쫓아낸 후 여러 성을 쌓았으니 이것이 그 유명한 강동 6주다. 다만 서희는 압록강 안, 그러니까 한반도 영역 내뿐만 아니라 압록강 밖, 즉 만주 영역 일부까지 이번 기회에 확보해야 한다고 주장했으나 고려 성종은 요나라 눈치를 보아 일단 강동 6주 확보에서 멈추도록 한다.

여기까지가 바로 서희의 외교 담판에 대한《고려사》기록이라 하겠다.

외교 담판 이후 고려의 외교

한국 교과서나 역사서에서는 서희의 담판을 단순히 고려의 압도적인 외교 승리로 포장하고 있지만 당시 시점으로 바라보면 고려와 요나라 모두 이익을 얻은 윈-윈(win-win) 결과였다. 우선 고려가 이번 외교 담판으로 확보한 강동 6주의 경우 본래부터 요나라 영토가 아니었으며, 마찬가지로 고려 영토 역시 아니었거든. 926년 발해가 멸망한 뒤로 어떤 국가도 영향력을 투영하지 못하던 상황에서 자연스럽게 주변 여진족이 모여 살고 있었으니까. 그런 만큼 설사 고려가 강동 6주를 확보하더라도 요나라 입장에서는 자신들의 이익만 담보된다면 그 정도야 충분히 용인할 수 있었던 것이다.

거란(契丹)의 통화(統和) 연호를 처음 사용하였다.

《고려사》 성종 13년(994) 2월

실제로 요나라에서는 송나라와 본격적인 전쟁을

벌이기 전 후방을 안정화시키는 것이 무척 중요했다. 그런데 소손녕의 협박으로 어쨌든 고려가 형식상 항복한 데다 다음 해부터 송나라 연호 사용을 포기하고 요나라 연호를 사용한 만큼 고려와 송나라가 군사적으로 협력할 가능성은 어느 정도 배제할 수 있었지. 배후가 어느 정도 안정되었다고 여겼기에 요나라는 1004년 20만 병력을 모아 송나라와 결전을 펼쳤다. 그 결과가 소위 "전연의 맹(澶淵之盟)"이라 부르는 강화 조약이었으니.

1. 송(宋)은 군비(軍備)로서 요(遼)에 매년 비단 20만 필, 은(銀) 10만 냥을 순다.

2. 양국의 국경은 현 상태로 하고, 양국의 포로 및 월경하는 자는 서로 송환한다.

3. 다만 요나라 기록에 따르면 송나라 황제는 요나라 황제의 모친을 숙모(叔母)로 삼는다. 송나라 기록에 따르면 송나라 황제를 요나라 황제가 형으로 섬긴다. 등으로 평화를 위해 두 군주 모두 의형제가 되기로 맹세했으나 그 표현에 있어 뉘앙스의 차이가 보인다.

라는 내용이 그것.

이렇듯 고려는 강동 6주를 얻은 대신 요나라는 안정된 배후를 바탕으로 송나라와 전쟁에 집중하며 매년 막대한 물자를 얻는 결과물을 쟁취하였다. 여기까지 전체적인 흐름을 따라가보니, 서희와 소손녕의 외교 담판은 결과적으로 누가 이익이었을까? 정답. 둘 다 이익이었네. 이를 미루어볼 때 서희는 요나라가 원하는 외교 이익의 최소 지점을 정확히 파악한 후 이를 얼추 만족시켜주되 그 한도 내에서 고려의 이익을 최대한 얻어내는 외교를 선보였던 것이다.

사신 원욱을 송나라에 보내 군사를 빌려 작년 거란과의 전쟁에 대하여 보복할 계획을 알렸다. 송은 북방 국경이 겨우 편안해졌는데 군사를 가벼이 움직이는 것은 마땅치 않다고 하면서, 다만 후한 예(禮)만 보이고 돌려보냈다. 이때부터 송과의 외교 관계를 끊었다.

《고려사》 성종, 13년(994) 6월

한편 고려에서는 압록강 주변의 여진족을 내쫓고 강동 6주에 성을 쌓는 시점에 송나라로 사신을 보내 작년 요나라의 소손녕이 고려를 공격한 보복을 갚고자 하므로 함께 움직이자는 제안을 하고 있었다. 하지만 송나라는 단지 사신을 후하게 대접할 뿐 거절하였고, 고려는 이것을 핑계로 삼아 송나라와의 외교 관계를 끊는다. 헌데 이러한 고려의 행동에 조금 의문이 드는걸. 상당한 성과를 얻은 서희의 외교 담판 직후 994년 2월 요나라 연호를 사용하기 시작한 고려가 뜬금없이 994년 6월에는 요나라 보복을 위한 공동 작전을 송나라에게 이야기하다니 말이지.

사실 이 역시 균형 외교를 위한 고려의 노력 일환이었다. 고려가 요나라 연호를 사용한 이상 송나라와의 관계를 재설정하는 것이 중요했거든. 이를 위해 고려가 송나라와의 관계를 대번 끊어버리기보다 우선 단교 명분을 조성하기로 한다. 그것이 다름 아닌 공동으로 요나라를 공격하자는 제안. 이에 고려가 요구하는 사항을 송나라가 충족시키지 못하기에 단교를 할 수밖에 없다 하여 국내 반대파의 반발을 막고, 국제적으로도 송나라가 고려의 행동에 토를 달기 힘들게 만든다. 덕분에 고려는 요나라와 대립 중인 또 다른 강대국 송나라에게도 크게 밉보이지 않은 채 관계 재정립을 할 수 있었지.

물론 두 나라는 겉으로는 단교했음에도 고려에서 종종 요나라 정보를 송나라에 알려주거나 요나라와 관계가 악화되면 고려가 요나라 연호 사용을 중단하고 송나라 연호를 사용하는 등의 교류를 꾸준히 이어갔다. 이는 당연히 고려 입장에서는 요나라를 견제하기 위해선 송나라와의 친밀한 관계를 어느 정도 유지하는 것이 필요하다 여겼기 때문. 참으로 국익을 위해 실용적인 외교에 집중하던 고려의 모습을 잘 보여주는군.

아무래도 광해군이 닮고 싶었던 고려의 모습이 바로 이것이 아니었을까?

> 고려 왕 왕치(王治, 성종(成宗))가 표문을 보내어 혼인을 요청하였으므로, 동경유수 부마(東京留守 駙馬) 소항덕(蕭恒德, 소손녕의 다른 이름)의 딸을 시집보내라고 허락하였다.
>
> 《요사(遼史)》 권13 성종(聖宗) 통화 14년(996) 3월 2일

흥미롭게도 이 시점에 재미있는 사건이 하나 있었으니, 고려 성종과 소손녕의 딸이 결혼할 뻔했다는 사실이다. 아무래도 고려 성종은 새로 확보한 강동 6주를 완벽하게 고려 영토로 만들고 더 나아가 요나라와 평화를 이어가기 위하여 요나라 황실과 아예 인척 관계를 맺으려 했던 모양. 마침 소손녕은 요나라 5대 황제의 사위로서 요나라 월국공주와 결혼했거든. 즉 고려 왕과 요나라 공주의 딸 사이 결혼

이 양국 간 진행된 것이니, 만일 결혼이 이루어졌다면 고려 왕실은 요나라 황실과 면밀한 관계가 되었겠지.

하지만 996년 월국공주와 소손녕이 죽고 997년 고려 성종마저 세상을 뜨면서 결혼은 없던 일로 흐지부지되었다.

> 이달에 거란이 전왕(前王)이 죽었다는 이유로 칙명(勅命)을 보내 전에 받았던 폐백(幣帛)을 돌려주었다."
>
> 《고려사》 목종 원년(998) 4월

그 결과 양국 간 결혼은 요나라가 폐백, 즉 혼인 전에 신랑이 신부 집에 보낸 예물을 고려에 돌려주면서 마무리된다. 만일 이때 결혼이 이루어지고 성종과 소손녕의 딸 사이에 아들이 태어났다면 고려 역사는 어찌 흘러갔을까? 마침 고려 성종은 딸만 있고 아들이 없었기에 다음 고려 왕은 조카인 목종이 올랐거든. 참으로 흥미로운 가정이지만 여행이 한창 중이라 바쁘니 그냥 넘어가기로 하자.

청나라 황제 즉위식

어느덧 지하철은 지상을 달리고 있다. 세월이 꽤 지났음에도 이 풍경이 참 익숙하단 말이지. 아. 물론 바깥 풍경이 나의 추억과 비교해 많이 변했지만. 하하. 지하철 8호선은 복정역에서 산성역까지 가는 길 중 약 1km 정도가 지상 구간이다. 뿐만 아니라 행정 구역상 복정역은 서울, 산성역은 성남에 위치하고 있기에 지상이 보이면 두 도시 경계선을 지나는 순간이라 하겠다.

안양에 살면서 어떻게 이곳 지리를 이리 잘 아냐고? 사실 내가 군대 시절 휴가, 외박 때마다 가장 먼저 타던 지하철이 다름 아닌 8호선이었다. 다만 그때만 하더라도 거의 새 전철이라 그런지 탈 때마다 기분이 참 묘했었지. 당장 역부터 새것처럼 번쩍번쩍. 이렇게 휴가 시작과 함께 8호선을 타고 서울로 가서 이번에는 잠실에서 2호선으로 갈아탄 뒤 코엑스에 들러 종종 영화를 보았다. 당시에는 멀티플렉스(multiplex)와 몰(mall) 문화의 태동기였기에 이를 대표하는 코엑스 내 영화관이 엄청나게 매력적인 장소로 다가왔었거든. 그렇게 영화를 보고나면 함께 휴가 나온 동료들과 코엑스에서 밥을 먹고 헤어져 근처에서 버스를 타고 집이 있는 안양으로 가면 끝.

그래서일까? 지하철이 지상을 달리는 순간. 마치 자유를 되찾은 느낌이 들곤 하더라. 영화 쇼생크 탈출에서 주인공이 탈출에 성공한 직후의 그 장면처럼. 우연치 않게 오늘은 그 반대로 이동하는 중이구나. 아 참, 혹시 궁금할까봐 이야기를 조금 더 이어가자면 휴가가 끝날 때에는 안양에서 성남으로 가는 좌석버스를 타고 군대로 복귀했었다. 한마디로 코엑스 영화관 때문에 매번 휴가 시작 때마다 8호선을 탔던 것. 가만히 추억을 떠올려보면 군대 시절에 오히려 최신 영화들을 더 열심히 보았던 것 같네.

자~ 이제 곧 지하철이 산성역에 도착하겠구나. 도착지에 다가오자 이유는 모르겠으나 이번에는 군대 추억이 아닌 역사의 한 장면이 머리에 떠오르는군. 다름 아닌 병자호란의 계기가 된 장면이 그것.

1636년 4월 11일. 요동의 심양에서는 중요한 행사가 펼쳐지고 있었다. 1626년 1대 누르하치에 이어 2대 후금의 칸에 오른 홍타이지가 이번에는 황제로 즉위하면서 국호 역시 금(金)에서 청(淸)으로 바꾸는 역사적 사건이었지. 그만큼 국가적으로 심혈을 기울여 준비한 이번 행사에는 청나라에 소속된 만주·몽골·한인 출신들이 대거 참가하였다. 참고로 홍타이지는 1635년 가을 그동안 조선과 명나라에게 멸시되듯 사용되던 여진족이라는 명칭의 사용을 금지시키고, 이를 대신하여 자신들의 정체성을 새로이 정립한 채 만주인으로 부르도록 명했거든.

그런데 이번 행사에는 놀랍게도 조선 사신도 참가하고 있었다는 사실. 나덕헌(羅德憲, 1573~1640)과 이확(李廓, 1590~1665), 이 두 사람이 그 주인공이다. 두 사람은 각각 다른 목적 때문에 시일을 달리하여 심양에 사신으로 파견되었다가 홍타이지의 황제 즉위식에 함께 참가하게 되었거든. 그런데 이 두 사람은 한반도 역사상 보기 드물 정도로 엄청난 외교 참극을 보이고 말았다.

> 장사들이 앞을 다투어 그 팔과 다리를 붙잡고 고개를 억누르고 꽁무니를 쳐들고 사지를 들어 땅에 엎어뜨리자, 공은 크게 호통치며 몸을 뒤쳐 바로 누워, 앞에 접근하는 자가 있으면 누운 채 발길로 그 얼굴을 차서 코가 깨져 피가 터지곤 하니, 이날 구경하던 자들은 깜짝 놀라고 혐오스러워 차마 보지를 못했다. 마침내 거꾸로 질질 끌려가 숙소에 가두었다.
>
> 박지원이 찬술한 이확 신도비명

홍타이지 초상화

청나라의 매우 중요한 행사에 참가한 나덕헌과 이확이 청나라 군사들에게 팔, 다리, 머리를 붙잡힌 채 강제로 엎드려 고개를 숙이고 있었으니, 이건 도대체 무슨 일이지? 뿐만 아니라 이중 이확은 엎어진 상태를 어떻게든 벗어나기 위해 고함을 치며 몸을 뒹굴어 머리를 하늘로 보고 눕더니, 도로 엎어놓으려고 접근하는 청나라 병사들의 얼굴을 발로 차면서 강렬히 저항하였다. 결국 조선의 두 사신은 구타를 당한 후 사신 숙소로 도로 끌려갔고, 결국 홍타이지가 계획한 엄숙한 황제 즉위식은 엉망으로 마무리된다.

이는 서희의 외교 담판과 대척될 만한 한반도의 또 다른 외교사 장면이었으니, 지하철에 내린 후 해당 사건을 더 깊게 살펴보기로 하자. 드디어 추억이 가득한 산성역 도착.

산성역에서 버스를 기다리며

산성역은 깊게 조성되어서 그런지 에스컬레이터가 무척 길다. 정말 한참 타고 올라가야 위에 도착하는데, 우스갯소리로 군대 시절에는 전쟁을 대비하여 방공호를 만든 것 아니냐고 이야기했을 정도. 음, 오늘따라 군대 생각이 계속 떠오르는군. 추억이 남다르니 도저히 입을 참을 수가 없네. 하하. 우리 부대는 특이하세노 휴가를 받은 군인들은 아침 일찍 부대 통근 차로 태워 산성역에 내려줬거든. 그래서 산성역이 마치 부대 입구 같다는 느낌도 들곤 했었다. 그만큼 개인적으로 이런 저런 추억이 가득한 장소라 하겠다.

아이쿠. 다시 정신 차리고 이야기를 마저 이어가야겠군. 아까 홍타이지의 황제 즉위식에서 조선 사신 나덕헌과 이확 사건이 발생했다는 것까지 했었지. 음. 그럼 산성역 입구로 나가면서 왜 이런 사태가 벌어졌는지 당시 역사 흐름을 대략 살펴볼까?

1623년 인조가 반정으로 왕이 되고 얼마 지나지 않아, 1627년 정묘호란이 벌어졌다. 이는 광해군과 달리 인조가 선명한 친명 정책을 주장하며 평안북도 섬인 가도(椵島)에 자리 잡은 명나라 병력에 대한 물자 지원에 서슴지 않았기 때문. 이에 홍타이지는 명나라와 조선의 협력을 끊어내고 더 나아가 자국의 배후 안전을 위해 조선 견제 시점을 매의 눈으로 지켜보았거든. 그런데 이들의 기회는 생각 외로 금방 찾아왔다.

이괄이 아뢰기를

"조만간에 오랑캐와 한 번 싸워야 할 것이니, 우리의 태세는 늘 내일 출전하는 것같이 해야 될 것입니다. 그리고 적이 만약 우리나라 국경에 출몰한다면, 어찌 백성이 곤궁하다고 핑계 대고 싸우지 않을 수 있겠습니까. 중앙의 훈련군도 전과 같지 않고, 지방의 포수(砲手), 살수(殺手), 사수(射手)도 병마절도사가 일찍이 마음먹고 훈련시킨 적이 없어 모두 착실하지 못합니다. 이제 병마절도사를 특별히 택하여 병졸을 훈련시키도록 해서 변고에 당면하거든 스스로 거느리고 나가게 한다면, 병마절도사는 자기가 거느릴 병졸들인 줄을 알아 필시 마음을 다해 조련할 것입니다."

《승정원일기》 인조 1년(1623) 4월 13일

이처럼 반정 직후 이괄은 후금에 대한 적대감을 들어내며 군사적 대비가 필요함을 강력히 주장했다. 이에 인조는 그에게 북방을 지키는 임무를 맡겼는데, 권력을 잡은 지 얼마나 되었다고 반정 공신끼리 견제가 일어나더니, 1624년 이괄의 난이 벌어지고 만 것. 이때 이괄은 다른 반정 공신들의 견제로 역모를 꾀했다는 의심을 받자 자신이 통솔하는 1만 5000여 명의 정예병 중 일부를 이끌고 그대로 남으로 내려왔지. 그러자 겁이 난 인조는 충청도 공주로 피난을 떠났고 반군에 의해 한양이 장악되고 만다. 반란은 어찌어찌 제압되었으나 이괄이 이끌던 반군과 더불어 정부군 역시 상당한 숫자의 병력을 잃고 말았으니, 이로써 조선의 북방을 지키는 군대 시스템의 한 축이 완전히 무너졌다. 축구로 친다면 알아서 수비수들이 대문을 활짝 열어준 꼴.

그래서인지 몰라도 3년 후 겨울에 정묘호란이 발생하자 후금군은 불과 3만 명이라는 비교적 적은 병력만으로도 압록강부터 한양 지척인 황해도 황주까지 조선군을 일방적으로 격파하며 단 8일 만에 달려오는 괴력을 발휘한다. 이제 임진강만 건너면 한양이 절단날 위기였지. 사태가 심각해지자, 또다시 인조는 강화도로 빠르게 피난 갔으며, 이괄의 난에 이어 수도를 두 번째 버린 왕이 된다. 그나마 다행인

점은 당시 후금 역시 소수의 병력 침공이었던 만큼 조선을 견제하는 수준 이상으로 전쟁을 더 끌고 갈 생각이 없었다는 것.

그 결과 조선은 후금과 다음과 같은 화약을 맺었다.

1. 화약 후 후금군은 즉시 돌아갈 것.
2. 후금군은 철병 후 다시 압록강을 넘지 말 것.
3. 양국은 형제국이 될 것.
4. 조선은 후금과 화약을 맺되 명나라와도 적대하지 않을 것.
5. 양국은 매년 춘추 두 차례 사절을 교환하고 압록강 가운데의 난자도(蘭子島)에 시장을 열어 무역을 할 것.

다만 서희 때 고려–요나라 외교 담판과 달리 조선과 후금 모두 만족하기 힘든 어정쩡한 내용의 화약이었기에, 후금군이 퇴각하는 과정에서 조선과 후금 간 전투가 벌어지는 등 어수선한 상황은 이어졌다.

한편 홍타이지는 정묘호란으로 조선을 어느 정도 견제하는 데 성공했다고 여겼는지 이런 여유를 바탕으로 명나라와의 대결에 집중하면서 새로운 무기를 장착하였다. 후금에 항복한 한족 기술자를 지원하여 1631년 서양식 대포인 홍이포를 제작한 것. 홍이포는 당대 최첨단 대포로서 유효 사거리가 1.5km에 이르는 화약 무기였거든. 동시대 조선이 가지고 있는 화포에 비하면 사거리가 2배 정도 더 긴 괴력의 무기라 하겠다. 게다가 정묘호란 화약으로 시작된 조선과의 무역의 경우 후금은 공갈과 협박 등을 통해 조선으로부터 물자를 최대한 얻어냈기에 부족한 자원을 보충하는 데 일부 도움을 주었다.

그렇게 후금은 조선으로부터 받은 물자에다 강력한 기병과 최첨단 화포 무기까지 결합되어 명나라의 성과 병력을 차례로 격파했으며, 더 나아가 1628년부터 1635년까지는 내몽고 지역의 몽골 세력과 전투를 벌여 항복받는다. 그러던 중 과거 원나라 황제가 사용하던 대원전국옥새(大元傳國玉璽)를 몽골 왕가로부터 전달받은 홍타이지는 이를 바탕으로 여진 몽골을 결합하는 진정한 칸으로 올라서는 근거를 마련하였다. 이처럼 위대한 칭기즈칸의 후손이 세운 원나라를 잇는 정통성을 확보하자 남다른 자신감을 얻었는지, 홍타이지는 1636년 어느 날 조선에 사신을 보냈으니.

음. 어느덧 길고 긴 에스컬레이터를 다 탔군. 이

제 걸어서 역 밖으로 나가면서 이야기를 이어가볼까.

　금나라에서 용골대 등이 서울에 들어왔다. 금나라의 사신 접대를 맡고 있던 구관소(句管所)의 여러 신료들이 들어가 금의 사신을 만나보았다. 금의 사신이 칸(汗, 홍타이지)의 글 3장을 내어 보였는데, 한 장은 춘신사(春信使)의 문안에 관한 글이었고, 한 장은 국상의 조위(弔慰)에 관한 글이었으며, 한 장은 제를 올릴 때 쓸 물품의 목록이었다.

　또 두 개의 봉투에 넣은 편지가 있었는데, 한 봉투에는 금국집정팔대신(金國執政八大臣)이라고 썼고, 한 봉투에는 금국외번몽고(金國外藩蒙古)라고 썼으며, 뒷면에는 모두 봉서조선국왕(奉書朝鮮國王)이라고 쓰여 있었다. 조선의 신료들이 이것이 누구의 글이냐고 묻자, 답하기를,

　"팔기 및 몽고의 여러 왕자의 글이다."

　하였다. 조선의 신료들이 말하기를,

　"남의 신하의 처지로 다른 나라 임금에게 글을 보내는 규례는 없다. 이웃 나라 군신은 일체(一體)로서 서로 공경하는데 어찌 감히 대등한 예로 글을 보낸단 말인가."

　하고, 물리치고 보지 않으니, 용골대 등이 얼굴

빛을 바꾸며 말하기를,

"우리 칸께서는 싸우면 반드시 이기므로 그 공업이 높고 높다. 이에 안으로는 팔기와 밖으로는 제후의 왕자들이 모두 황제 자리에 오르기를 원하자, 우리 칸께서 '조선과는 형제의 나라가 되었으니 의논하지 않을 수 없다.'고 말하였으므로 각각 사람을 보내어 글을 받들고 온 것이다. 그런데 어찌 받지 않을 수 있는가."

하고, 함께 온 몽고인들이 일시에 한목소리로 말하기를,

"명나라가 덕을 잃어 북경만을 차지하고 있다. 우리들은 금나라에 귀순하여 부귀를 누릴 것이다. 조선이 금나라와 의를 맺어 형제국이 되었다는 말을 듣고는 칸이 황제 자리에 오른다는 말을 들으면 반드시 기뻐할 것이라고 여겼었다. 그런데 이처럼 굳게 거절하는 것은 어째서인가?"

하였다. 이에 조선 신료들이 군신 간의 대의로써 물리치자, 용골대가 화가 나서 편지를 도로 가져가며 말하기를,

"내일 돌아가겠다. 말을 주면 타고 갈 것이고, 주지 않으면 걸어서 가겠다."

《조선왕조실록》 인조 14년(1636) 2월 24일

조선에 인조의 비 인열왕후(仁烈王后) 한 씨가 죽자 이를 조문한다는 명분으로 금나라 사신 용골대는 마부대 및 몽골족 추장 77명과 함께 조선을 방문하였다. 하지만 용골대 등이 방문한 진짜 목적은 따로 있었다. 이제 곧 홍타이지가 황제에 오르려 하니 이를 형제국인 조선 왕과 의논하고자 한 것. 당연히 조선 정부는 난리가 났지. "오랑캐 따위가 어찌 황제가 될 수 있느냐", "몽골 부족은 어찌하여 명나라를 배신하는가?" 등의 논리가 들끓었다.

그래서일까? 조선 정부에서는 팔기 및 몽골 추장이 보낸 편지는 타국의 신하 신분으로는 왕에게 직접 글을 보낼 수 없다는 논리로 접수 자체부터 막아버렸다. 이처럼 자신들을 함부로 대하자 용골대는 화가 나서 아예 궁궐을 나가버렸고, 마부대만 홀로 인열왕후의 빈소를 찾는다. 그런데 마침 강풍이 불어 장막이 걷히더니, 장막 뒤에 숨어 있던 무장한 궁궐 수비대가 보이는 것이 아닌가? 마부대는 조선에서 자신들을 헤치려는 의도를 느끼자 기겁한 채 빈소를 빠져나왔고 용골대와 한양을 빠져나와 후금으로 돌아갔다.

음. 이제 저기 버스 정류장에서 남한산성으로 가는 버스를 기다리며 이야기를 이어가보자.

사태가 이 지경이 되니, 오히려 조선 정부는 덜컥

겁이 났다. 아무리 싫다 하여도 엄연히 한 나라의 사신들인데, 너무 심하게 괄시하고 공격적으로 대한 것이 걱정으로 돌아왔거든. 그렇다고 조선의 무력이 뛰어난 것도 아니고 말이지. 이미 후금의 군대는 명나라 군대마저 두려워할 정도로 강군 중 강군이었으니까. 이에 인조는 신하들과 토론 끝에 전쟁을 대비할 수밖에 없다고 여겨 전국 팔도에 격문을 보낸다.

요즈음 오랑캐가 더욱 창궐하여 감히 참람된 칭호(황제)를 가지고 의논한다고 핑계를 대면서 갑자기 글을 가지고 나왔다. 이것이 어찌 우리나라 군신이 차마 들을 수 있는 것이겠는가. 이에 강약과 존망의 형세를 헤아리지 않고 결단하여 그 글을 물리치고 받아들이지 않았다.

금나라 사신 등이 여러 날 요청을 했으나 끝끝내 요청이 받아들여지지 않자 성을 내고 돌아가게 되었다. 도성 사람들은 전쟁의 위험이 가까이 있다는 것을 알고 있으면서도 도리어 그들을 배척하고 끊은 것을 통쾌하게 여기고 있다. 더구나 팔도의 백성들이 만일 조정이 이런 올바른 행동을 하여 위험하고 절박한 상황에 당면하고 있다는 말을 듣는다면 반드시 풍문만 듣고도 격분하여 죽음을 맹세코 원수를 갚으려 할 것이다. 충의로운 선비는 각기 있는 책략을 다하고 용감한 사람은 종군을 자원하여 다 함께 어려운 난국을 구제해 나라의 은혜에 보답하라.

《조선왕조실록》 인조 14년(1636) 3월 1일

헌데 나사가 일부 빠져있던 인조 시대라 그런가? 황당한 일이 또다시 발생하였다. 오랑캐와의 전쟁을 준비하라는 인조의 격문이 다름 아닌 용골대의 손에 들어가고 만 것. 인조의 격문을 들고 평안감사에게 가던 전령이 용골대 일행에게 붙잡혀 문서를 빼앗기고 말았으니까. 거참. 중요한 문서에 대한 비밀 유지는커녕 허탈하다 허탈해. 이야기를 들으면서도 참 황당하지? 그렇다. 매번 일을 저리 주먹구구식으로 처리하니, 지금까지도 사람들이 잊지 않고 한반도 지도자의 황당한 행동으로 나라가 화를 당할 때마다 인조의 재림을 언급하는 듯.

당연히 용골대는 조선에 사신으로 파견된 자신들을 조선 정부가 겁박하였고 이제는 전쟁 준비까지 하고 있음을 홍타이지에게 그대로 알렸고 후금역시 이번 기회에 조선을 제대로 손봐줘야 한다는 주장이 크게 일어났다.

상황이 이처럼 계속 꼬이자 인조와 조선 정부에서는 조선의 의도를 용골대 등이 잘못 이해했다는 취지로 금나라에 사신을 보내면서 그쪽 분위기를 다시 한 번 파악해보기로 한다. 물론 이번 행동마저 결국 최악의 한 수가 되고 말았지만. 그렇게 심양으로 파견된 이확은 이미 그곳에 사신으로 와서 체류 중이던 나덕헌과 함께 용골대와 마부대의 방문을 치하하는 의례적인 국서와 상당 물품을 증액한 답례를 바쳤다. 홍타이지는 속마음을 숨긴 채 조선 사신을 맞이하였고 이들을 1636년 4월 11일 치러지는 자신의 황제 즉위식에 참가하도록 했지.

　　헌데 금나라에서 청나라로 국호를 바꾸고 간에서 황제로 올라선 홍타이지를 위한 삼궤구고두(三跪九叩頭), 즉 세 번 절하고 아홉 번 고개를 숙이는 행사에서 그곳에 모인 사람들 중 조선 사신인 나덕헌과 이확만 절을 하지 않고 가만히 서 있는 것이 아닌가? 결국 이들의 행동을 자신들의 군주에 대한 모욕이라 여긴 주위 청나라 사람들이 분노를 참지 못하고 여럿이 달려들어 조선 사신에게 힘을 통한 강제로 삼궤구고두를 시켰다.

　　　장사들이 앞을 다투어 그 팔과 다리를 붙잡고 고개를 억누르고 꽁무니를 쳐들고 사지를 들어 땅에 엎어뜨리자, 공은 크게 호통치며 몸을 뒤쳐 바로 누워, 앞에 접근하는 자가 있으면 누운 채 발길로 그 얼굴을 차서 코가 깨져 피가 터지곤 하니, 이날 구경하던 자들은 깜짝 놀라고 혐오스러워 차마 보지를 못했다. 마침내 거꾸로 질질 끌려가 숙소에 가두었다."

〈이확 신도비명〉

박지원이 찬술한 이확 신도비명에 등장하는 내용은 바로 그 장면을 묘사한 것. 두 사람이 거칠게 대항하다 끌려가자 참고 참았던 홍타이지는 큰 분노를 표현했다. 자신의 황제 즉위식마저 엉망으로 만든 조선 사신을 보아할 때 이러한 태도는 조선 전반의 분위기가 분명하다. 그렇다면 황제가 된 자신이 직접 병력을 이끌고 조선을 공격하여 조선 사신에게 무너진 황제의 위신을 제대로 세워 보이겠다는 결심을 하게 된다.

거듭된 악수를 계속 두는 인조 시대의 조선. 알아서 적을 만들며 외교적인 악재를 반복 재생산하는 그 능력에 절로 감탄이 나오는구나. 덕분에 어찌 행동하면 외교를 철저하게 망칠 수 있는지 역사에 제대로 그 흔적을 남겼으니. 이 또한 조선 인조가 역사에 남긴 남다른 공이라 하겠다. 역사에 길이 남을 반면교사로서 한반도 역사상 최악의 왕 중 한 명으로 손꼽히게 되었으니까.

저기 버스가 오는구나. 타자.

나덕헌과 이확

　버스는 산성역 주변을 한 바퀴 돌며 여러 손님을 태우더니 서서히 산을 향해 이동한다. 가만히 안을 살펴보니 등산객들이 많이 탄 듯하네. 아무래도 손님 중 등산복을 입은 사람들이 특별히 많이 보이니까. 이렇듯 한국에서 등산복의 인기는 정말 상상 이상이야. 유행에 매우 둔감한 나마저 등산복은 편하다는 이유로 몇 벌 가지고 있을 정도니. 하하.

　그럼 본격적으로 버스가 등산을 시작하기 전, 성공적인 서희의 외교 담판과 달리 짜증만 가득했던 나덕헌과 이확 이야기를 마무리하기로 하자.

　　나덕헌, 이확이 알리기를
　　"후금에 있을 적에 마침 그들이 제 분수에 넘치는 칭호(황제)를 칭하였는데, 위협을 당하면서도 굴하지 않았습니다. 그리고 행차가 통원보(通遠堡, 심양과 압록강 중간 지점)에 도착하여 그 글을 열어 보니, 문장이 패악하고 무례하여 감히 가지고 오지 못하고 몰래 자질구레한 물건 속에 두고 왔습니다.

원본은 베껴 옮겨서 올립니다. 그 글에 '대청황제
(大淸皇帝)'라 칭하였고, 우리나라를 '너희 나라'
라고 칭하였습니다."

하였다. 평안감사 홍명구가 상소하기를,

"나덕헌·이확 등의 장계(狀啓)의 사연과 베낀
적의 글을 보니 가슴이 찢어져 통곡을 금치 못하겠
습니다. 저 적이 분수에 넘치는 칭호를 가지고 사신
을 구박하는 날 칼에 엎어져 의(義)에 죽는 일은 나
덕헌·이확 등에게 기대할 것은 아닙니다. 그러나
연일 구박을 받으면서 행사에 참여한 일은, 오랑캐
무리들에게 견제되어서 자유롭지 못하였기 때문이
었다고 어찌 감히 스스로 말할 수 있겠습니까. 그리
고 참람하고 무례한 글에 이르러서는, 풀로 봉하고
단단히 싸서 즉시 열어보지 못하고 통원보에 와서
야 비로소 열어 보고 몰래 버려두었다고 핑계를 대
고 있습니다. 이때를 당하여 특별한 행동을 하지 않
는다면 예의의 나라인 우리나라가 다 금수의 지역
으로 들어가게 되어 끝내는 인심을 수습하고 사기
를 고무시킬 수 없을 것입니다.

신의 어리석은 계책으로는 의사(義士) 두어 사
람을 모집하여 나덕헌 등의 머리를 가지고 칸(홍타
이지)의 문에 던져주고는 대의에 의거하여 준열하
게 책망하는 것보다 더 좋은 방책이 없습니다. 그러

면 그들이 아무리 개돼지 같다 하더라도 반드시 무
서워 꺼릴 것이며, 설혹 분이 나 침략해온다고 하더
라도 우리나라 장졸이라면 그 누가 팔뚝을 걷어붙
이고 칼날을 무릅쓰면서 북쪽으로 달려가 죽음으로
써 싸울 마음을 가지지 않겠습니까."

하였다. 비변사에서 알리기를,

"나덕헌 등이 의리에 의거하여 자결하지 못하였
으니, 극히 놀랍습니다. 다만 그들이 끝내 굴하지
않은 내용은 대략 칸(汗)의 별서(別書) 속에서 볼 수
있습니다. 오랑캐들이 이른바 무례하다고 한 것은
바로 나덕헌 등이 의리를 지킨 것을 증명하는 것입
니다. 다만 국서를 아무렇지 않게 받아가지고 왔으
며, 열어본 뒤에 이르러서도 명백하게 던져버려 그
들로 하여금 즉시 알게 하지 못하고 몰래 버려두고
서 서둘러 돌아왔으니, 일을 처리한 것이 참으로 매
우 해괴하고 분합니다. 이미 굴하지 않은 자취가 있
는 이상 갑자기 형벌을 더하여 죽일 수는 없으나,
사명을 받든 이로서 임금의 명을 욕되게 한 죄는 징
계하지 않을 수 없습니다. 속히 잡아다 국문하여 처
치하라고 명하소서."

《조선왕조실록》 인조 14년(1636) 4월 26일

한편 나덕헌과 이확은 청나라 황제 홍타이지로

부터 받은 국서를 감히 조선으로 가져갈 생각조차 하지 못했다. 왕과 조선 신료들이 무례한 국서를 받아왔다 하여 자신들을 비난할 것이 눈에 선했으니까. 두 사람은 고민 끝에 자신들이 문장을 그대로 옮긴 것을 대신하여 올리기로 결정하고 청 황제의 국서는 조선으로 돌아오는 도중 버린다. 이를 통해 조선 정부에 자신들이 적어도 참람한 청나라 공식 문서는 받지 않았다고 이야기할 계획이었던 모양.

그러나 두 사람이 예측한 범위 이상으로 조선 신료들은 나덕헌과 이확을 비난하기 시작했다. "아무리 강제였다 할지라도 황제 즉위식 행사에 참여한 것부터 죄다.", "홍타이지가 황제를 칭할 때 그 자리에서 자결했어야 했다.", "청나라 국서는 받는 즉시 버리는 기개를 보여야 했다.", "몰래 적의 국서를 버리고 온 것은 당당한 모습을 보인 것이 아니다.", "당장 나덕헌과 이확의 목을 베어 홍타이지에게 보내자." 등등. 지금 눈으로 보면 해괴망측한 논리가 다 등장하는 느낌. 이미 냉철한 판단은 사라진 여론 재판 그 자체라 하겠다.

실제로 두 사람은 결국 자신들의 행동에 책임을 진 채 평안도로 귀양을 떠났다. 즉 황제 즉위식에서 청나라 비위를 대충 맞춰주지 못하여 나라에 큰 위기를 발생시킨 것에 대한 책임이 아닌 감히 홍타이지가 황제를 칭함에도 제대로 조선의 기개를 보여주지 못했다 하여 귀양을 가게 된 것.

이런 모습을 따라가다 보니, 솔직히 기괴한 감정과 함께 여러 의문점이 드는걸. 당시 조선 정부에게 정말로 필요한 행동은 저 두 사람을 비난하는 것이 아닌 청나라 국서 내용을 면밀히 파악하여 홍타이지가 어떤 의도를 가지고 있는지 확인하고 이에 맞는 구체적인 방침을 준비하는 것이 아니었을까? 위의 일화는 조선 정치시스템이 얼마나 망가져있는지를 잘 보여주는 대표적인 예라 생각된다. 흑백논리에 따라 청나라가 황제를 칭한 것에는 물불 안 가리듯 분노하면서도 이에 대비하는 정상적인 논의와 토의는 언급조차 힘든 상황이 이어졌으니 말이지.

가스라이팅(gaslighting)이라는 용어가 요즘 들어 유행하더군. 이는 세뇌를 통해 자존감과 독립성을 무너뜨려 타인에 대한 심리적인 지배력을 강화하는 행위를 뜻하는데, 당시 조선, 특히 사대부들은 한 마디로 서로가 서로에 대해 집단적인 가스라이팅을 펼치고 있었다. 명나라 없이 어찌 조선이 존재할 수 있으며 의리를 지키기 위해서는 북방의 오랑캐가 아무리 강하더라도 기개를 지니고 싸워야 한다는 사회적인 가스라이팅이 그것.

이는 임진왜란 이후 왕실과 사대부의 권위가 크

게 무너지자 조선 위정자들이 명나라의 권위에 기대며 더욱 강화된 소신이었다. 즉 국익으로 포장된 위정자의 권력 유지 욕구가 만든 결과였던 것. 이러한 가스라이팅은 광해군 시대를 지나 인조 시대가 되니, 나덕헌과 이확이 청나라에서 보인 행동, 더 나아가 그런 행동마저 오히려 소극적이었다며 비판하는 조선 정치권의 모습으로 더욱 강화된 채 이어지고 말았지. 이는 당연하게도 나라를 파국으로 이끈 거대한 원동력으로 작동하였다.

자~ 흑백 논리에 충실한 대신 국가적 이익과 실용성은 최대한 배척한 조선 외교의 결말은 좀 이따 다시 확인해보기로 하자. 속상한 마음을 풀기 위해 잠시 바깥 풍경이나 구경해야겠네.

3

산에 오르다

등산하는 버스

버스는 드디어 산을 타고 올라간다. 천천히 산길로 올라가면서 승객들은 마치 등산하는 기분을 느낄 수 있지. 버스 유리창 바깥으로 보이는 아파트들은 점차 그 크기가 미니어처처럼 작아졌고 조금 더 시간이 지나자 도시 전반이 눈에 펼쳐보였다. 반대쪽 유리창으로는 울창한 나무 한 가득과 함께 시원하고 맑은 공기가 버스 안으로 들어오네. 게다가 산고개를 따라 자연스럽게 만들어진 S자형 도로 덕분에 느껴지는 흔들거림이 마치 놀이 기구를 탄 것 같구나. 이 모든 즐거움이 합쳐지니, 롯데월드보다 훨씬 재미있다.

이처럼 산을 올라가는 버스를 타는 경험은 참으로 즐겁단 말이지. 다만 사람이 붐비는 주말에는 남한산성을 오르는 이 길도 엄청나게 붐벼서 운 나쁠 경우 자동차를 탄 채 길 위에서 시간을 보낸다고 하니까 조심. 운 좋게도 오늘은 평일 오후인지라 빠르게 올라가는 중.

하지만 지금의 나와 달리 과거의 나에게는 남한

산성을 올라가는 이 길이 결코 좋은 기분만 주는 건 아니었다. 왜냐하면 군대 복귀 때마다 이 길을 올라갔거든. 휴가가 끝날 때면 이번에는 산성역 입구에서 저녁에 돌아가는 군대차를 탄 채 부대로 되돌아갔으니까. 휴가 시작될 때와는 완전히 반대되는 기분이었지. 하하. 반대로 휴가를 받아 남한산성을 내려갈 때는 동일한 길임에도 세상이 밝고 행복하게 느껴졌다는 사실. 참고로 내가 군 생활을 한 부대는 남한산성 바로 근처에 위치했었다. 더 이상의 이야기는 혹시 모르니 비밀로 할까? 룰루랄라.

어느덧 산을 타고 신나게 올라가던 버스는 산성터널을 통과하는 중이다. 그래. 산성터널을 지나면 드디어 남한산성이지. 정확히는 남한산성 내부에 자리 잡은 마을에 도착. 아참. 이쯤 되어 군대 추억을 하나 더 이야기하자면 산성터널 밖에서는 비가 오는데, 산성터널을 통과하여 남한산성 내부로 들어서니 눈이 온 적이 있었다. 그래서 당시 동료들과 부대에 다가오자 날씨마저 변한다며 놀라워했던 기억이다. 역시 군대는 추워야 제 맛이라면서. 아무래도 남한산성 내부가 산으로 둘러싼 분지 지형이라 그런듯.

이렇게 또다시 군대 추억을 곱씹다보니, 산성터널을 통과하며 산성 로타리에 도착. 여기서부터 산

안의 분지 지형에 자리 잡은 작고 예쁜 마을이 등장한다. 초등학교에다 절, 교회, 파출소, 보건소, 도서관까지 있을 것은 다 있거든. 그럼 남한산성 행궁부터 천천히 구경할 예정이므로 여기서 내리도록 하자. 정류장에 내려 주변을 살펴보니 음식점으로 가득한 이 동네 분위기는 여전하구나. 이유는 모르겠지만 남한산성 내부에는 백숙, 두부, 도토리묵을 파는 음식점이 참 많거든. 그러나 등산할 때면 다른 어떤 음식보다도 산 위에서 먹는 컵라면이 가장 먼저 생각나곤 한다. 암~ 시원한 산에서 먹는 얼큰한 맛이란 정말 남다르거든.

그래서일까? 버스를 내리자마자 나도 모르게 근처 편의점으로 빠르게 걸어가는 나를 발견했다. 남한산성 행궁을 방문하기 전 편의점부터 들러 컵라면을 먹기로 계획 변경. 편의점에 들어가자마자 육개장 사발면과 토마토 주스, 그리고 새우깡을 사서 뜨거운 물을 사발 안에 부은 후 외부에 자리 잡은 테이블에 앉았다. 이러한 나의 모습을 보고 가게 주인이 계산하면서 "산 위에 오시니 컵라면이 당기시나봐요?"라고 묻는다. "그런 분들이 많나요?"라고 내가 묻자 은근 컵라면이 많이 팔린다고 하는군. 역시나 세상에는 비슷한 생각을 하는 사람들이 많은 모양이다.

육개장 사발면은 한때 나의 애착 컵라면이었다. 군대 때 보급품으로 자주 나왔기에 근무가 끝나면 함께 근무를 선 동료와 먹곤 했었지. 야간 근무가 끝나고 뜨거운 물을 부어 먹은 컵라면. 지금 생각해보아도 맛이 끝내준 기억이다. 특히 요즘 들어 컵라면을 거의 안 먹다가 오랜만에 먹어서 그런가? 추억 보정 이상으로 너무 맛있어서 솔직히 놀라는 중.

군대 시절 나는 8개월 동안, 그러니까 복무 기간 4분의 1 이상을 부대 내 최고로 인원이 많은 부서의 최고참으로 지냈는데, 대단히 운 좋은 케이스였다. 보통 1~2개월, 많아야 5개월 최선임을 한다는데 나는 이 기간이 8개월이었으니 말 다했지. 이는 나와 바로 윗선임 사이에 8개월 차이가 나는 바람에 벌어진 사건으로 반대로 나의 윗선임은 내가 오기 전까지 무려 8개월 간 부서 막내 생활을 했던 것. 덕분에 난 군 생활이 힘들 때면 마지막 8개월의 청사진을 그리며 버티곤 했다.

다만 나중에 8개월이나 부서 최고참이 된다는 이유로 간부들은 여러 경험이 필요하다면서 나를 유달리 신병 때부터 중요한 훈련에 빠짐없이 참가하도록 했으니, 웬만한 부대 내 큰 훈련을 여러 번 반복하며 참가했던 기억이다. 소위 빡세게 돌려 군인으로 만든 것. 그 결과 일병 때까지 군 생활 적응이 가능할까 정도로 어리바리의 극치였던 내가 상병 이후에는 군대 체질로 완전히 변한다. 오죽하면 병장 때에는 동료들과 함께 여러 부대와 경쟁하는 대천 사격 대회에서 우승과 준우승까지 경험했을 정도. 이 중 우승은 부대 역사상 처음이라고 하더라구.

그렇게 컵라면을 먹으며 쭉 추억을 떠올려보니 '초중반 군 생활은 마지막 8개월 간 최선임 생활을 위한 준비 기간이 아니었을까' 라는 생각이 드는걸. 나름 준비 기간이 충실했던 만큼 나처럼 어리바리한 사람도 책임감을 지니고 병장 생활을 할 수 있었으니까.

가만. 미래의 최고참이 될 사람에게 초반부터 훈련과 교육을 강하게 시키는 것을 생각해보니, 왕 시스템도 이와 유사한 부분이 얼핏 있는 듯하다. 과거 왕조 국가에서는 미래의 왕이 될 인물을 통일신라와 고려 때는 태자, 조선 때는 세자로 불렀는데, 이 기간 중 왕이 되기 위해 필요한 여러 실습과 훈련을 시켰으니까. 대표적인 예로 신라 태종무열왕의 맏아들로서 당나라와의 외교를 위해 중국에 파견된 경험에다 태자가 된 이후에는 김유신과 함께 5만 대군을 이끌고 계백의 5000 결사대를 격파한 문무왕이 있다. 이런 다양한 경험이 있었기에 왕이 된 직후부터 마치 산전수전 다 경험한 사람처럼 능수능란

한 통치력을 선보이더니 당나라까지 꺾고 삼한일통이라는 놀라운 업적을 이룩할 수 있었지.

그러나 가끔씩 이런 경우가 있더군. 태자, 세자가 아님에도 왕에 오른 인물이 역사를 보면 종종 등장하거든. 대표적으로 고려와 요나라의 2, 3차 전쟁을 맞이한 고려 현종, 조선과 청나라의 정묘호란, 병자호란을 맞이한 조선 인조가 그러하다. 우연의 일치인지 두 왕 모두 태자 또는 세자 신분이 아닌 일개 왕족이었음에도 왕이 된 데다 우연치 않게 북방 유목민이 세운 국가와 두 차례에 걸쳐 전쟁을 한 경력이 있군. 게다가 이후로 두 사람의 후손들이 고려 말, 조선 말까지 왕을 쭉 이어갔으니, 사실상 각 왕조의 중시조이기도 하다.

그렇다면 이번에는 준비되지 않은 이가 어떻게 왕이 될 수 있었는지 그 과정을 한 번 따라 가볼까?

준비되지 않은 왕

헌정왕후(獻貞王后)는 경종(景宗)이 돌아가시자 개성 왕륜사 남쪽의 사저로 나가 살았는데, 일찍이 꿈에 송악산에 올라 오줌을 누었더니 나라 안에 흘러넘쳐 다 은빛 바다를 이루었다. 점쟁이가 점을 쳐 보고 말하기를, "아들을 낳으시면 왕이 되어 한 나라를 가지리라"고 하자, 왕후가 말하기를, "내가 이미 과부가 되었거늘 어찌 아들을 낳겠소?"라고 하였다. 이때 안종(安宗, 왕욱)의 집이 왕후의 집과 서로 가까워 더불어 오가면서 통정(通情)하였는데 산달이 가까웠는데도 사람들이 감히 말하지 못하였다.

성종(成宗) 11년(992) 7월, 왕후가 안종의 집에서 머물자 그 집안사람들이 장작을 뜰에 쌓아놓고 불을 질렀다. 불길이 막 솟아오르자 여러 사람들이 불을 끄러 달려오고 성종도 또한 급히 와 안부를 물으니, 집안사람들이 결국 숨은 사실을 알렸으며, 이에 안종을 유배 보냈다. 왕후가 부끄럽고 한스러워 목을 놓아 울부짖다가 자신의 집으로 돌아갔는데 겨

우 대문에 닿자마자 태동이 있어 대문 앞의 버드나
무 가지를 붙잡고 아이를 낳다가 죽었다. 성종이 명
하여 유모를 골라 그 아이를 기르게 하니 그가 바로
현종(顯宗)이다."

《고려사》 열전, 경종 후비 헌정왕후

1009년 고려 8대 왕으로 즉위한 현종(992~1031)
은 막장 K-드라마와 비견될 만한 가족사를 가지고
있었다. 다름 아닌 사생아 출신이었기 때문. 그의 아
버지 왕욱은 태조 왕건의 저 아래 서열의 아들로서
어느 날부터 제4대 고려 왕 경종의 비였던 헌정왕후
(獻貞王后)와 만남을 이어가고 있었다. 이때 헌정왕
후는 경종이 죽고 난 후 궁 밖으로 나와 살고 있었거
든. 그러다 왕욱을 만나 임신까지 하고 말았으니, 남
편이 죽은 뒤의 일이라 할지라도 큰 문제가 될 수밖
에. 아무래도 선왕의 부인이 다른 남자와의 관계를
통해 임신한 사건이었으니까.

결국 그 죄를 엄중히 물어 왕욱은 지금의 경상남
도 사천으로 유배를 떠났고, 헌정왕후는 홀로 아이
를 낳다 죽음을 맞이했다. 그럼에도 불구하고 왕실
의 핏줄인지라 대량원군(大良院君)이라는 작위를
받은 현종은 아버지의 귀양지로 보내져 한동안 왕
욱과 함께 지냈으나 아버지가 병으로 죽으면서 불

과 5세의 나이에 고아가 되고 말았다. 이후에는 미묘한 신분인지라 그런지 여러 절에 맡겨졌는데, 주요 왕실 가문의 대가 하나 둘 끊기면서 새로운 기회가 온다. 어쩌다보니 현종이 왕건의 피를 잇는 중요한 인물로 점차 주목받게 된 것. 사생아라 문제였을 뿐 어쨌든 핏줄은 왕건의 당당한 손자였으니 말이지.

그러다 1009년 강조의 정변이 터지면서 그의 인생이 완전히 바뀌게 되니. 서북방 국경을 지키던 부대를 지휘하던 강조가 5000명의 병력을 이끌고 개경으로 들어와 당시 고려 왕이었던 목종을 폐위하고 17세였던 대량원군(大良院君), 즉 현종을 새로운 고려 왕으로 세운 것이다. 하지만 왕이 된 현종에게 곧 커다란 위기가 닥친다. 요나라에서 강조의 정변을 이유로 2차 여요전쟁을 벌였기 때문. 큰 나라로서 작은 나라에서 벌어진 신하가 왕을 내쫓는 불충을 가만히 볼 수 없다는 것이 전쟁의 이유였다. 이때가 1010년이니, 현종이 왕이 된 바로 다음 해에 벌어진 사건이라 하겠다.

여기까지 고려 현종의 상황을 보았으니 다음으로 조선 인조의 상황을 살펴봐야지.

조선 14대 왕 선조에게는 총 14명의 아들이 있었는데 그중 5번째 아들이 정원군이다. 다만 중간에 위치한 형들이 일찍 죽으면서 사실상 선조의 3번째 아들로 살았으니, 임해군, 광해군 다음이 정원군이었던 것. 이후 광해군이 15대 조선 왕이 되면서 정원군은 여러 국가 행사에 왕의 바로 아래 동생으로 대접받으며 활동하였다. 그러다 광해군이 갈수록 권력 집착증으로 주변을 의심하는 일이 잦아지자 극도로 몸을 낮추고자 했지만 그럼에도 화를 피하지 못했으니….

> 국가가 불행하여 고변(告變)이 잇달아 일어나고 있습니다. 소명국은 신경희를 두고 말하기를 '정원군의 셋째 아들과 역모를 하였다.' 하고, 신경희는 소명국을 일컬어 말하기를 '정원군의 둘째 아들과 역모를 하였다.' 라 하였습니다.
>
> 《조선왕조실록》 광해군일기 7년(1615) 9월 28일

다름 아닌 역모 사건에 휘말리면서 정원군의 아들들이 언급된 것이다. 그 결과 셋째 아들 능창군이 유배를 갔다가 죽음을 맞이하니, 이때 능창군의 나이 불과 17살이었다. 뿐만 아니라 1617년 광해군은 정원군의 집에 왕기(王氣)가 서렸다며 아예 집을 빼앗아 궁궐을 만들었으니, 이것이 지금의 경희궁이다. 즉 정원군은 형인 광해군에게 아들과 집까지 잃

었던 것. 그만큼 광해군이 형제였던 정원군을 상당히 견제했음을 알 수 있다.

  걱정과 답답한 심정으로 지내느라 술을 많이 마셔서 병까지 들었다. 그는 늘 말하기를 "나는 해가 뜨면 간밤에 무사하게 지낸 것을 알겠고, 날이 저물면 오늘이 다행히 지나간 것을 알겠다. 오직 바라는 것은 일찍 집의 창문 아래에서 죽어 지하의 선왕(선조)을 따라가는 것일 뿐이다." 하였는데, 훙할 때의 나이가 40세였다.

《조선왕조실록》 광해군일기 11년(1619) 12월 29일

  그렇게 하루하루 광해군이 언제 자신을 해코지할까 걱정으로 지새다가 40세의 나이로 정원군은 죽는다. 헌데 이런 상황을 두려움 속에서도 분노를 지닌 채 바라본 왕족이 있었으니, 그가 바로 능양군, 즉 인조(1595~1649)였다. 인조는 정원군의 첫째 아들이자 선조의 첫째 손자로서 아버지와 동생이 광해군에게 어떤 고초를 경험했는지 누구보다 잘 알고 있었거든. 물론 일개 왕자의 아들인 만큼 자연스러운 방법으로는 왕이 될 수 있는 서열은 결코 아니었다. 당시만 해도 3살 어린 사촌동생이지만 광해군의 세자가 생존하고 있었으니까.

정원군.

　그래서일까? 1623년 광해군과 거리를 두며 이를
갈던 서인 세력과 몰래 힘을 합쳐 반정을 일으키니,
이때 인조의 나이 28살이었다. 반정은 의외로 간단
히 성공하여 광해군은 쫓겨났고 그 자리를 대신하

여 인조가 오른다. 하지만 앞서 이야기했듯 1624년 이괄의 난과 1627년 정묘호란이 이어지며 나라에 큰 위기가 닥쳤으니, 역시나 즉위 이후부터 고려 현종과 유사한 국가적 위기를 경험하게 된 것.

이처럼 고려 현종과 조선 인조 모두 본래 왕이 될 수 없었으나 반정으로 추대되어 왕이 된 데다 즉위한 지 얼마 지나지 않아 국가적 위기를 경험하였다. 마치 데자뷔 수준의 역사가 600년의 텀을 두고 벌어진 것. 그럼 컵라면도 다 먹었으니 슬슬 일어나야겠군.

한반도 위기 속에서

남한산성 행궁으로 천천히 걸어간다. 무척 가까워서 편의점에서 한 5분이면 도착. 입가심으로 토마토 주스를 마시며 걷는 이 길. 참 오랜만이야. 헌데 내가 이등병으로 군대에 처음 왔을 때만 하더라도 지금과 달리 남한산성 행궁은 존재하지 않았다. 일제강점기 시절 화재로 불타 사라진 후 행궁터로만 남아있다가 비로소 발굴 조사를 한다며 여기저기 파헤쳐지는 분위기였거든. 그러다 병장을 달 때쯤 기와 건물이 하나, 둘 복원되어 보였던 기억이다. 즉 한창 공사 중이었던 모습이 추억으로 남아있지. 그래서일까? 제대한 뒤 복원된 행궁을 몇 차례 구경했건만 그럼에도 불구하고 여전히 공사 중인 모습이 가장 먼저 떠오른다.

그럼 남한산성 행궁으로 이동하면서 1010년 제2차 여요전쟁과 1627년 정묘호란으로 한반도에 어떤 위기가 닥쳤는지 이야기를 이어가볼까? 룰루랄라.

이번에는 정묘호란부터 살펴보자. 잠실에서 이곳까지 오면서 대략 이야기했지만 인조는 광해군을 몰아내고 왕에 오른 후 한동안 친명배금(親明排金) 정책을 펼쳤다. 특히 반정을 일으킨 동기에 대해 인조는 크게 다음과 같이 주장했으니 1. 광해군의 새어머니인 인목대비에 대한 핍박 2. 광해군의 친 후금 외교 노선에 대한 비판 등이 그것. 이 두 가지가 나름 유교 질서에 따라 반정을 일으킨 중요한 이유라 하겠다.

이중 인목대비는 선조가 51세 나이 때 새로 결혼한 왕비로서 광해군보다도 무려 9살이나 어린 새어머니였다. 당연하게도 광해군과 좋은 사이를 유지하기란 무척 힘들었는데, 특히 선조 말년에 인목대비가 영창대군을 낳으면서 더욱 껄끄러운 관계가 만들어졌지. 일개 후궁의 아들인 광해군에 비해 정비의 아들인 영창대군인지라 선조 역시 은근 영창대군을 우대하는 분위기를 만들었거든. 세자인 광해군을 견제한다고 말이지. 그래서일까? 광해군은 왕에 오르자 31살 차이가 나는 동생인 영창대군을 강화도로 유배를 보냈고, 얼마 뒤 영창대군은 의문의 죽음을 맞이한다. 이때 그의 나이 8살이었다. 게다가 인목대비 역시 지금의 덕수궁에 유폐시켰다.

이런 일련의 사건을 바탕으로 인조는 계모, 즉 새어머니를 핍박하고 더 나아가 형제를 죽이는 등 폐

륜을 저지른 인물로서 광해군을 포장한 것이다. 하지만 이보다도 더 큰 반정 동기는 다름 아닌 명나라와 일정한 거리를 두는 광해군의 외교 정책이었다는 사실.

> 적(여진)이 온다면 비록 한신이 다시 살아나고 제갈공명이 다시 일어난다 하더라도 우리나라의 인심과 병력으로는 절대로 막아낼 수 있는 형편이 못된다.
>
> 《조선왕조실록》 광해군일기(중초본) 14년(1622) 4월 16일

광해군은 1619년 요동 사르후 전투의 큰 패전으로 여진족이 세운 후금이 생각보다도 훨씬 강대함을 깨닫고, 이후로는 명 황제의 파병 요청을 거절한 채 후금과 우호 관계를 유지하고자 노력했다. 이는 후금이 한반도로 침입할 경우 명나라의 적극적 지원을 기대하기 힘든 데다 현재의 조선 군사력으로는 막아내기 쉽지 않다고 여겼기 때문. 오죽하면 중국 최고의 명장 중 한 명인 한신과 전략가 제갈공명이 온다 해도 이길 수 없다고 했을까. 광해군이 고려를 배워야 한다고 주장하는 때가 바로 이 시점이기도 했다.

하지만 이러한 광해군의 태도에 사대부들의 반

응은 무척 싸늘했으니, 임진왜란 때 조선을 도와준 명나라의 은혜를 어찌 이런 식으로 갚느냐는 여론이 강했거든. 그 결과 사대부들은 점차 광해군 정권과 일정한 거리를 두며 태업과 유사한 방식으로 응수하고 있었다. 이러한 여론 덕분에 전제 국가임에도 왕명이 제대로 통하지 않는 등 왕과 사대부 간 긴장된 분위기가 광해군 후반기에 연출된다.

그렇게 광해군 정권에 대한 반동으로 선명한 친명 정책을 주장한 인조 정권이 탄생하였지만, 이들도 막상 권력을 잡자 겉으로만 강력한 친명배금 정책을 주장할 뿐 실제로는 금나라를 함부로 대하지 못했다. 현실적으로 군사적 면에서 압도적 실력 차를 인식하고 있었으니까. 1627년 정묘호란 때 불과 3만 명의 후금 병력의 침입만으로도 인조가 수도 한양을 버릴 수밖에 없었으니 말 다했지. 이 시대 조선은 하나의 국가라 부르기 힘들 정도로 최악의 국방력을 보여주고 있었던 것.

한편 인조는 정묘호란의 위기를 벗어나기 위하여 후금과 강화 조약 및 형제 관계를 맺었는데, 덕분에 반정을 일으킨 동기의 중요한 한 축이 그대로 무너져버렸다. 이런 인조의 모습을 보며 당시 사대부들 중 상당수는 광해군보다도 후금에게 더 굴복한 외교를 펼쳤다고 여겼으니까.

이홍주가 아뢰길

"만약 올해 공격당하더라도 한번 싸워볼 만합니다. 그러나 승리한 뒤에 전쟁으로 인한 재앙이 끊이지 않을 것이 더욱 염려스럽습니다."

상(上; 인조)이 이르길

"오늘날 재상들은 원래 병법을 모른다. 군량이 얼마쯤이어야 싸울 수 있는지, 해자가 어떠해야 지킬 수 있는지를 알지도 못하면서 모르는 것을 억지로 갖다 대며 바로 계획하니 이런데도 적이 쳐들어오지 않을 리가 있겠는가. 해자가 제 모습을 갖추지 못한 데다 장수도 모지라니 전쟁에서 승리가 가능할지 나는 모르겠다. 이 막강한 적들은 중국에서도 상대하기 어렵다.

《승정원 일기》 인조 14년(1636) 8월 2일

조선 내 여론이 이러하니, 후금이 청나라로 국가 명칭을 바꾸고 아예 황제국을 표방하자 더욱 극열한 사대부들의 반발이 생겨날 수밖에. 오죽하면 인조는 사대부들의 열띤 반발 여론 때문에 외교적으로 움직일 수 있는 운신의 폭이 더욱 제한적이었다. 아무래도 반정을 일으킨 계기가 더 이상 훼손된다면 권력을 유지하기 더욱 힘들어질 테니까. 이는 곧 주화파와 척화파 대립에서 사대부들의 여론상 압도적인 지지를 받던 척화파의 손을 알게 모르게 계속 지지할 수밖에 없다는 의미. 하지만 조선의 무력이 형편없는 상황을 인조 자신도 알고 있는 상황에서 척화파에 무게가 실린 이상 글쎄. 앞으로 다가올 병자호란의 결과는 우리가 모두 알고 있듯 뻔했을지도 모르겠군.

그렇다면 다음으로 고려 현종의 제2차 여요전쟁은 어때했을까? 아 그 전에 남한산성 행궁 매표소에서 표를 구입해야겠군. 걷다보니, 벌써 입구 근처까지 왔거든. 응? 그런데 경기도민은 행궁 입장이 공짜라는 사실. 신분증을 보여주고 내가 안양 시민임을 증명하자 역시나 표가 공짜로 나온다. 오호. 한국인으로 살면서 경기도민이라며 이런 대우를 받는 것은 보기 드문 일. 어쨌든 기분 좋네. 그럼 행궁으로 들어가기 전 이번 이야기를 빠르게 정리하자.

앞서 이야기했듯 고려 현종이 강조의 정변으로 고려 왕이 된 후 얼마 지나지 않아 거란의 요나라가 고려를 공격하였다. 이것이 바로 2차 여요전쟁이다. 이때 요나라는 신하인 강조가 멋대로 고려 왕을 폐위한 것에 대한 죄를 묻는다며 전쟁을 일으켰는데, 이는 나름 고려를 손보기 위한 핑계이자 고려 내 여론을 분열시키려는 작전이었지. 마침 정묘호란 때도 후금군은 "폐위된 전왕 광해군의 원수를 갚는다."라는 이유를 들어 조선을 침범했으니 유사한 여론전이라 하겠다. 이를 통해 한반도 내 선왕 지지파에게 메시지를 보낸 것. 이렇듯 약소국은 강대국이 마음만 먹는다면 이런 저런 내정 간섭 및 국론 분열을 당할 핑계가 만들어지는 모양.

흥미로운 점은 이때 요나라는 황제가 친정(親征)을 했다는 점. 이처럼 친정을 결심한 황제는 요나라 성종(재위 982~1031)으로 나름 요나라 최전성기를 구가한 대단한 인물이었다. 다만 요나라 성종은 자신의 어머니인 태후의 지원으로 어린 나이에 황제가 될 수 있었거든. 그러다 남다른 정치력을 지닌 태후가 1009년 사망하자 요나라 내부 분열과 권력 누수를 막기 위해 성종은 외부에 공통된 적을 만드는 전략을 보였으니, 때마침 고려가 좋은 대상으로 다가왔다. 왕이 폐위되고 새로운 왕이 세워지는 혼란한 상황인지라 아무래도 요나라 공격을 막아내기 힘들어 보였기 때문.

실제로도 1010년 황제 성종이 이끄는 40만 대군이 공격해오자 고려는 정변을 일으킨 강조가 30만 대군을 이끌고 방어했지만 크게 패하고 말았으며 강조 역시 포로로 잡혀 죽음을 맞이했다. 소식을 들은 고려 현종은 개성 방어를 포기한 채 남쪽으로 탈출했는데, 급한 마음에 단 16일 만에 왕의 일행은 한반도 남쪽인 나주에 이를 정도였다. 그러나 과거 서희가 외교담판으로 얻은 강동 6주의 고려 성들이 결사적으로 항전하면서 후방의 지원이 끊어질까 걱정된 요나라는 소기의 목적인 개성을 함락한 직후 돌아갔다.

결과적으로 이번 전쟁에서 요나라 성종는 자국의 내부 분열 분위기를 막고 고려 수도를 정복함으로써 자신의 힘과 실력을 만천하에 충분히 알릴 수 있었기에 친정 결과에 어느 정도 만족하였다. 반면 고려 현종은 이번 수모를 그대로 넘길 생각이 없었지. 왕이 되자마자 수도를 버리고 남쪽 끝으로 도망한 것만 오롯이 자신의 이력으로 남게 된다면 매우 부끄러운 이미지로 역사에 영원히 기록될 테니까.

이에 현종은 전쟁이 끝나고 개성으로 복귀한 직후부터 가까운 시일 내에 요나라와 전쟁이 다시 벌어질 것을 예상한 채 군사 제도 정비에 적극적으로 나섰다. 특히 치밀한 전략 전술을 선보이고자 강감찬을 적극 기용하였으니, 이로써 조선 인조와는 완전히 상반되는 길을 걷게 된다. 비록 즉위 후 첫 전쟁은 인조와 동일하게 큰 실패를 경험했으나, 이를 기반삼아 성공으로 가기 위한 발판을 만들었으니까.

4

남한산성 행궁

행궁의 의미

한남루(漢南樓)라는 현판이 적혀있는 행궁 정문으로 들어서자 언덕을 따라 위로 갈수록 건물이 하나씩 등장한다. 참고로 한남루는 정조 22년인 1798년, 이곳이 중요한 행궁인 만큼 격을 높인다며 2층 규모로 다시 지어진 것으로, 2000년대 이후 복원 사업을 하면서 이처럼 정조 시절 정문으로 복원한 모양. 즉 인조 시절의 모습은 아닌 것이다. 사실 남한산성 행궁이 전체적으로 인조 시절의 모습이 아닌 조선 후기까지 꾸준히 확장된 형태를 바탕으로 현대에 복원된 상황이라. 음. 뭐. 그렇다는 의미.

아참~ 중요한 설명을 잊을 뻔했다. 행궁(行宮)이란 왕이 도성을 떠나 행행(行幸)할 때 임시로 머무는 장소이다. 이때 행행이란 왕이 궁궐 밖으로 거둥하는 것을 뜻하니, 즉 왕의 외출이라는 의미. 가만 생각해보면 나 역시 집에서 나와 다른 지역으로 여행을 갈 때면 숙소 정하는 것이 매번 고민이거든. 돈 여유에 따라 호텔부터 게스트하우스, 더 나아가 24시간 찜질방까지 선택이 가능한데, 이는 왕도 마찬

한남루(漢南樓)라는 현판이 적혀있는 행궁 정문. ©Park Jongmoo

가지가 아니었을까? 물론 왕은 나와 달리 신분이 신
분인지라 아무 곳에서나 잘 수 없었겠지. 그래서인
지 과거에는 왕이 방문하는 지역마다 왕이 머물 행
궁이 만들어지곤 했다.

예를 들면 내가 호텔, 게스트하우스, 24시간 찜질
방에 머무는 것을 여행용 숙소라 할 텐데, 왕 역시
이와 유사한 여행용 숙소가 있으니 이를 대표하는
장소로 충청남도 아산시에 위치한 온양행궁이 있겠
군. 비록 지금은 건물이 사라졌으나 대중에게는 세

종대왕이 사용한 것으로 유명세가 있으며 조선 후
기까지 왕과 왕실 사람들이 온천을 즐길 때 사용하
던 행궁이었다.

> 정총이 상소하여, 강화(江華)를 행궁(行宮)으로
> 삼고 진영을 설치하여 뜻하지 않은 변고에 대비하
> 기를 청하였다.
>
> 《조선왕조실록》 광해군일기 9년(1617) 10월 8일

그러다 16세기 후반부터 한반도가 전란에 휩싸
이면서 왕이 피난을 떠나 수도를 비우는 일이 생기
자 이때 필요한 피신용 행궁이 등장하게 된다. 이를
대표하는 장소로는 아무래도 강화행궁이 있겠군.
그렇다. 단어 그대로 강화도에 설치된 행궁을 뜻하
지. 이곳은 여행용 행궁보다 규모도 커서 신료들과
함께 정사를 펼칠 수 있는 기반이 얼추 구축되어 있
었다. 소위 작은 규모의 궁궐이라 하겠다.

실제로도 강화도는 과거 몽골 침입 때 고려가 아
예 수도를 이전하여 큰 효과를 발휘한 장소였다. 바
다로 둘러싸인 섬이라 방어하기 좋으면서도 전라도,
경상도로부터 배를 통해 물자를 꾸준히 전달받았기
에 강화도 자체가 함락되지 않는다면 이론상 언제
까지나 버틸 수 있었거든. 어느 정도냐면 고려가 강

강화부궁전도(江華府宮殿圖) 중 행궁도(行宮圖).

화도에서 버틴 기간은 무려 38년에 이르렀을 정도.

그런 만큼 광해군은 혹시 모를 전란을 대비하여 천해의 방어지라 여긴 강화도에 강화행궁을 설치하였다. 이렇게 설치된 강화행궁을 처음 사용한 이가 다름 아닌 인조였으니, 1627년 정묘호란이 터지자 빠르게 한양에서 강화도로 건너가 70일 간 버텼거든. 하지만 1636년 병자호란 때는 거센 눈보라와 너무나 빠른 속도로 남하한 청나라 군대로 인해 인조는 미처 강화도에 가지 못하고 다음 선택지인 남한산성으로 오게 된다. 청나라에게 한양이 함락되는 최악의 사태가 발생하고 말았으니까.

면천과 부역 면제

돌계단을 따라 올라가자 행궁 중심에 위치한 외행전(外行殿)을 만난다. 왕과 신료들이 정사를 펼치는 편전(便殿) 역할을 하는 장소로서 그만큼 행궁 내에서 나름 격이 높은 건물이다. 경복궁으로 치면 근정전과 동일한 역할이랄까? 한편 인조는 이 건물에서 군사들을 상대로 중요한 행사를 치르기도 했는데….

자원병이 출전하여 50명 가까운 적을 죽였다. 상(上, 인조)이 작은 가마를 타고 북성(北城)으로부터 순시하여 서성(西城)까지 이르렀다. 그 길로 정청(正廳, 외행전)에 나아가 군사를 호궤하고, 승지에게 명하여 유시하였다.

"너희들이 힘을 합해 적을 죽였으니 참으로 가상하기 그지없다. 그런데 산성에 물자가 부족하여 호궤 역시 넉넉하게 하지 못하니, 내가 한스럽게 여긴다. 너희들은 더욱 마음을 다하여 적을 무찔러 없애도록 하라."

《조선왕조실록》 인조 14년(1636) 12월 23일

행궁 중심에 위치한 외행전(外行殿). ⓒPark Jongmoo

　　호궤는 군사들에게 음식을 주어 위로하는 것을
의미하며, 인조는 승리한 병사들을 외행전으로 불러
술과 음식, 그리고 종종 은까지 내림으로써 사기를
진작시켰던 모양. 사실 병자호란 초기만 하더라도
남한산성에 모인 조선 병사들은 청나라 군대와 싸
우며 작은 승리를 이어가고 있었다. 아직 청나라 포
위망이 완전하지 않을 때라 남한산성 주변으로 청
군의 숫자가 그다지 많지 않았기 때문. 덕분에 적은
숫자의 병사끼리 격돌하며 조선군이 적잖은 전공을
세울 수 있었지.

　　헌데 이때 자원병으로 모인 이들의 행동이 매우

남달랐으니, 서로 자원병이 되어 성 밖으로 나서 적과 싸우고자 했을 정도로 열정적이었다. 과연 그 이유는 무엇이었을까?

> 적의 수급을 한 개 벤 사람의 경우에 공노비와 사노비는 면천시키고, 양인은 급제(及第)를 주고, 직임이 있는 사람은 승천(陞遷)시키며, 수급을 두 개 이상 벤 사람에게는 더하여 논상하겠다는 내용이 이미 조정의 규칙에 있다.
>
> 《승정원일기》 인조 14년(1636) 12월 21일

> 수어사(守禦使) 아병(牙兵)의 사노비 서흔남은 사람됨이 영리하고 건장하고 용맹스러운데, 낮에는 종군하여 출전하고 밤에는 틈을 타서 나가 정탐을 하였으니, 공로가 매우 가상합니다. 면천시키도록 허락해주소서.
>
> 《승정원일기》 인조 14년(1636) 12월 26일

상황이 급한 만큼 노비가 만일 오랑캐 목을 베는 등 공을 세울 경우 면천까지 시켜준다고 했거든. 이로써 인생 최대의 족쇄인 노비 신분에서 벗어날 좋은 기회가 생긴 것이다. 양인 역시 공을 세우면 관직을 받을 수 있기에 신분이 상승할 좋은 기회였다. 덕

분에 자신들의 삶을 개척하고자 하는 이들이 자원
병으로 적극 모여 성 밖으로 나가 활약하였다.

하지만 이런 작은 승리도 곧 한계에 봉착한다. 친
정을 택한 청나라 황제 홍타이지가 1636년 12월 29
일 드디어 남한산성 근방인 한양에 도착했으니까.
이와 더불어 청군의 남한산성에 대한 포위도 한층
엄해졌지. 황제가 직접 온 만큼 분위기부터 크게 달
라졌을 테니.

12월 29일에 날씨가 잠깐 화창하니 군사들의 얼
굴에 생기가 났다. 영의정 김류가 동서남북 네 성의
장수를 불러 명하기를, "남성(南城) 아래에 적의 진
영이 매우 엉성하니, 각각 정예군을 내어 무찌르도
록 하라." 하니, 네 장수가 모두 그 계책이 잘못된
것을 역설하였는데 김류가 듣지 않고 친히 장졸을
거느리고 북문에 앉아 대장의 깃발과 북을 세우고
병기를 휘두르면서 싸움을 독려하였다.

성 아래에는 개울이 굽이져 있었는데 오랑캐의
기병이 곳곳에 매복한 채 겉으로는 남쪽 4, 5백 보
거리로 물러가서 군사와 소·말을 약간 머물려 주
둔시켜놓고 유인하였다. 김류가 깃발을 휘두르며
진군할 것을 명령하니 우리 군사가 서로 버티면서
산에서 내려가려 하지 않자, 김류가 비장(裨將) 유

호를 시켜 나가지 않는 자를 목 베게 하였다. 이에 유호가 만나는 사람마다 함부로 찍어 죽이니, 온 군사가 내려가면 반드시 죽을 것을 알면서도 내려가는데, 별장(別將) 신성립은 사람들과 이별을 고하고 가기에 이르렀다.

우리 군사들이 그들이 남겨둔 소와 말을 취하는데도 적들은 못 본 체하고 있다가, 우리 군사가 목책 밖으로 다 나온 뒤에야 비로소 적이 말을 채찍질하여 나는 듯이 돌격해 들어오고 복병이 사방에서 일어나 곧장 우리 군사의 앞뒤를 끊었다. 이에 우리 군사는 총 한 방, 화살 한 번도 쏘지 못한 채 순식간에 짓밟혀 죽은 자가 거의 200명이고 신성립과 지여해와 이원길 등도 모두 죽었는데, 오랑캐 군사로 죽은 자는 다만 두 사람뿐이었다.

처음에 어떤 사람이 말하기를, "목책을 불사르면 군사가 진격하는 데 거칠 것이 없을 것이다." 하니, 김류가 불사르도록 명하여 목책을 이미 불살라버렸으므로 오랑캐가 우리 군사를 공격하는 데 더욱 거칠 것이 없었다. 또 처음 접전할 때에 군사들에게 화약을 많이 주는 것을 허락하지 않아서 화약을 요구하는 소리가 시끄럽더니, 접전이 벌어진 다음에야 어느 겨를에 화약을 요구하겠는가. 다만 빈 화약통을 서로 두들길 뿐이었다.

산 언덕이 험준하여 이미 갑자가 올라가기 어려
웠고 깃발을 휘두르면서 퇴군하였으나 성이 막혀
있어 보지 못해 마침내 모두 섬멸되기에 이르렀다.
유호가 또 초관(哨官, 종 9품 무관)에게 죄를 돌려
퇴군하지 못했다 하여 베어 죽이니, 사람들이 모두
원통하게 여겼다. 김류가 허물을 돌릴 곳이 없자 원
두표가 구원하지 못한 탓이라 변명하여 장차 사형
에 처하려 하자, 홍서봉이 말하기를, "수장(首將)이
군율을 어기고서 부장에게 죄를 돌려서야 되겠는
가." 하자, 김류가 마지못해 대궐에 엎드려 대죄하
고, 원두표의 중군을 매 때려 거의 죽게 하였다. 처
음에 정예 군사를 모두 체찰부에 예속하였는데, 사
상자가 적어도 300명에서 내려가지 않았는데도 사
실대로 보고하기를 싫어하여 40명이라 아뢰니, 이
로부터 사기가 떨어지고 조정에서도 화친하는 것에
전념하게 되었다.

《병자록(丙子錄)》 나만갑

어느덧 조선군의 성에서 나와 치고 빠지는 공격
방식에 익숙해진 청나라 군대는 이들을 소와 말 등
으로 산 아래로 유인한 뒤 처참하게 무너뜨렸다. 오
죽하면 청군 두 명이 죽는 동안 조선군 수백 명이 죽
는 최악의 상황이 만들어졌을까. 그러자 이번 작전

을 맡은 영의정 김류는 실패한 이유를 남에게 돌려 피해가고자 했으며, 왕에게 사망자 숫자도 일부러 적게 보고한다. 윗사람의 이런 모습을 본 조선군의 사기는 당연히 크게 떨어질 수밖에. 믿음과 신뢰가 무너졌으니까. 그나마 생겨나던 작은 희망이 깊은 절망으로 바뀐 순간이라 하겠다. 인조가 남한산성에 들어와 보여준 호기는 딱 여기까지였던 것.

행궁에서 만난 신라 유적

2006년 들어와 남한산성 행궁의 외행전(外行殿) 터를 발굴, 조사하는 과정 중 오랜 기간 숨어 있던 놀라운 유적이 발굴되었다. 다름 아닌 길이 53.5m 폭 17.5m, 면적 936㎡의 거대한 통일신라 시대 건물 터가 등장한 것. 참고로 경복궁 근정전이 길이 30m, 폭 21m, 면적 630㎡이니, 얼마나 큰 건축물인지 절로 느껴지는걸. 근정전 면적의 약 1.5배에 해딩하니까. 이에 비하면 행궁의 외행전은 통일신라 건물터의 5분의 1인 142㎡에 불과함. 이렇듯 통일신라 옛 건물터 위에 시간이 훌쩍 지나 조선행궁이 만들어졌음을 알 수 있다.

특히 유적에서는 길이 64cm에 무게가 20kg이나 되는 통일신라 기와가 대거 발견되었는데, 이는 동시대 중국에서도 보기 힘들 정도로 커다란 크기의 기와였다고 하는군. 오죽하면 이처럼 상당한 기와의 무게를 버텨낸 이곳 건축물 구조에 대해 학자들의 열띤 토론이 있었을 정도.

그렇다면 이곳 통일신라 건물은 어떤 용도로 사

남한산성 행궁의 외행전(外行殿) 터를 발굴·조사하는 과정 중에 발견된 거대한 통일신라 시대 건물터. 길이 64cm에 무게가 20kg이나 되는 통일신라 기와가 발견되었다. ⓒHwnag yoon

용된 것일까?

> 한산주(漢山州)에 주장성(晝長城)을 쌓았는데 둘레가 4,360보였다.

《삼국사기》 신라본기 문무왕 12년(672) 8월

《삼국사기》에 따르면 한산주, 즉 현재의 경기도 권역에 672년 주장성이 만들어졌으며, 그 둘레가 4,360보, 약 8km라 기록하고 있다. 그런데 놀랍게도 남한산성의 둘레가 대략 7.5km로서 그 크기가 거의 일치한다는 사실. 게다가 남한산성 행궁터에서 거

행궁 외행전 근처에 위치해 있는 통일신라 건물터. ©Park Jongmoo

대한 신라 건물터가 발견된 데다 유적에 대한 탄소
연대 측정 역시 통일신라 시기로 나오면서 학자들
은 주장성이 다름 아닌 남한산성이었음을 더욱 확
신하였다. 남한산성의 기원이 문헌 기록뿐만 아니
라 고고학적 조사에서도 확정되는 순간이다.

　한편 주장성이 만들어진 시점은 백제, 고구려 멸
망 후 한반도 지배권을 두고 신라와 당나라가 크게
대립하던 때였다. 이를 소위 나당전쟁(670~676)이
라고 부르지. 이때 신라는 초강대국 당나라와의 결
전을 위해 이곳에 큰 규모의 성을 쌓은 후 내부에는
거대한 신라 건축물을 만들었으니, 해당 건축물에
대해 학자들은 전쟁에 필요한 물자를 보관하던 창

고로 추정 중이다. 그렇군. 이로써 통일신라 건축물의 용도가 무엇인지 알게 되었구나. 전쟁을 대비하여 무기와 식량을 보관하는 장소였던 것. 창고의 거대한 크기만큼이나 확고한 준비 태세가 있어서인지 나당 전쟁은 신라의 승리로 마무리된다.

외행전 주변으로 마침 통일신라 건물터를 보여주고 있어 다가가 살펴볼까? 음. 유리창을 통해 저 아래 유적을 살펴볼 수 있게 하였군. 예전에는 아래까지 내려갈 수 있었는데 막은 모양이다. 어쨌든 이런 방식으로 건물터 일부만 볼 수 있어 조금은 아쉽지만, 어쨌든 재미있는 경험이구나. 관람객에게 고고학 조사를 직간접적으로 경험하는 기분을 주니까.

이후 시간이 흘러 고려 시대에 들어와 주장성은 '일장산성(日長山城)'이라 불렸는데, 13세기 몽골 침입 때 큰 활약을 하였다. 당시 세계를 재패한 몽골이 군대를 이끌고 공격했으나 고려군이 이곳에서 주둔하며 막아낸 것. 이처럼 한때 당나라에다 몽골까지 방어한 엄청난 경력을 지닌 산성이었지. 그래서일까? 《세종실록지리지》에도 일장산성 명칭이 등장한다는 사실.

일장산성(日長山城)은 광주 주치(州治)의 남쪽에 있다. 높고 험하며, 둘레가 3천 993보(步)요, 안에 군자고(軍資庫)와 우물 일곱 개가 있는데, 가뭄을 만나도 물이 줄지 아니한다. 또 밭과 논이 있는데, 모두 124결(結)이다. 《삼국사(三國史)》에는, "신라 문무왕(文武王)이 비로소 한산(漢山)에 주장성(晝長城)을 쌓았다."고 하였다.

그러다 광해군 때 후금의 침입을 대비하기 위하여 토성을 석성으로 일부 고쳐 쌓았고, 인조 시대에 들어와 1624년부터 1626년까지 대대적으로 석성으로 다시 짓도록 하면서 현재의 모습이 된다. 하지만 인조는 앞선 선조들과 달리 남한산성에서 패배를 경험하고 말았으니, 이때는 과거의 적과는 차원이 다른 무기인 청나라의 홍이포가 그 위력을 뽐냈다고 하는군.

임금(정조)이 말하기를,
"한봉(汗峰)에 성을 쌓은 것은 어느 때인가?"
하매, 서명응이 말하기를,
"숙종 시절인 계유년(1693)에 수어사 오시복이 쌓기 시작하였는데, 을유년(1705)에 민진후가 수어사였을 때에 헐어냈다가, 영조 시절인 기미년(1739)에 조현명이 다시 지었습니다."

하였다. 임금이 말하기를,

"병자년에 청나라 군이 한봉 봉우리에 올라 대
포를 쏘았는가?"

하매, 서명응이 말하기를,

"그때 포환이 행궁의 기둥을 맞추기도 하였습니다."

《조선왕조실록》 정조 3년(1779) 8월 7일

병자호란 때 청나라 군대는 남한산성 바깥에 위
치한 높은 산봉우리인 한봉에 홍이포를 설치하고 마
구 포격을 가했다. 한마디로 남한산성을 시원하게
내려다보며 공격했던 것. 헌데 한봉은 행궁에서 동
쪽으로 약 2km 떨어진 곳임에도 불구하고 홍이포가
지닌 놀라운 사거리 덕분에 행궁까지 포격할 수 있
었으니, 이때 외행전이 탄환에 맞아 기둥이 부서져
서 인조가 급히 안쪽 건물로 피신했다고 전한다. 이
런 경험이 있어서인지 조선 후기 왕들은 한봉에도
성을 쌓아 혹시나 남한산성 내부를 공격할 가능성을
미리 차단하고자 노력했다. 천혜의 요새였던 이곳도
발전하는 무기에 따라 새로운 약점이 생긴 것.

이렇듯 남한산성이 이번에 맞이한 적은 기존의 적
과 구별될 만큼 강력한 무기를 장착하고 있었다. 이
는 당연히 조선군에게 큰 위협이 될 수밖에. 단순히
성곽에 의존해서는 방어하기 어려움을 의미하니까.

내행전으로 들어가서

행궁 안으로 한 단계 더 들어가면 외행전보다 약 6m 정도 높은 언덕에 위치한 내행전(內行殿)을 만날 수 있다. 높은 담장 사이에 배치된 내행전은 167㎡의 면적으로 외행전의 142㎡보다 더 넓으며 건축 디자인도 조금 더 화려하고 당당하다. 그만큼 행궁 내 가장 격이 높은 건물이라 하겠다. 특히 건물의 양옆에는 온돌방이 배치되어 있는데, 각각 왕의 방과 세자의 방으로 사용했다고 하는군. 그렇다. 이 건물은 다름 아닌 왕의 침소였던 것.

그래서일까? 건물 내부를 들여다보니, 일월오봉도(日月五峯圖) 병풍이 배치되어 있구나. 일월오봉도는 왕을 상징하는 작품으로서 대중들에게도 꽤잘 알려져 있지. 관심있게 보다보면 사극 드라마나 영화마다 매번 왕 뒤에 배치된 형태로 만날 수 있으니까. 참고로 일월오봉도는 통치자가 다스리는 삼라만상을 상징하여 해와 달, 그리고 다섯 봉우리의 산, 소나무, 바다 등이 그려졌으며 어좌 뒤에 놓여 왕과 함께하였다. 오죽하면 왕이 밖으로 이동할 때면 접이식 병풍을 챙겨 갔을 정도.

병자호란 때 인조는 바로 이곳 내행전에서 기거하였다. 물론 전장에 중요한 사건이 생길 때마다 신료들도 이곳을 방문하여 왕과 정사를 논하기도 했겠지. 그 과정에서 인조는 어쩌다 자신이 최악의 상황까지 몰리게 되었는지 남한산성에 있는 동안 매일같이 후회가 들지 않았을까? 견디기 힘들 정도로 추운 날은 지속되는데, 성 안 식량은 부족하고 청나라 황제가 도착하면서 적병은 갈수록 포위망을 굳게 잠그는 중이라 외부와의 연락은 막혔다. 탈출구는 보이지 않는, 답답한 형국의 지속이다.

상(上, 인조)이 이르기를,

"경들은 오랑캐(여진)의 정세를 알 수 있을 것이다. 오랑캐가 기세를 몰아 쳐들어온다면 어떻게 막을 것인가?"

하니, 정충신이 아뢰기를,

"신은 오랑캐의 소굴에 출입하였으므로 적의 정세를 잘 알고 있는데, 저들은 많고 우리는 적어서 대적할 수 없을 뿐더러, 날래고 강한 기병으로 충돌해오면 야외에서 맞서 싸울 수 없고, 오직 성을 지켜야만 막을 수 있을 것입니다."

하였다. 남이흥이 아뢰기를,

내행전 전경. ©Park Jongmoo

"금년에는 남쪽에서 군사를 징발하지 않았으므로 변경을 지키는 장수들이 군사가 적은 것을 걱정할 것입니다."

하니, 상이 이르기를,

"군사가 적더라도 적절히 사용하는 것은 장수에게 달려 있다. 지킬 수 있으면 지키고 싸울 수 있으면 싸워야 하는 것이다. 싸우기만 해서도 안 되고 지키기만 해서도 안 될 것이다. 요는 임기응변하기에 달려 있다. 지키기만 하고 나가 싸우지 않으면 쳐들어오는 적을 어떻게 막을 수 있겠는가."

상이 이르기를,

일월오봉도 병풍이 배치된 내행전 내부. ©Park Jongmoo

"안주(평안도 성)의 군사는 그 수가 얼마나 되는 가?"

하니, 정충신이 아뢰기를,

"겨우 2000여 인입니다."

하였다. 상이 이르기를,

"전에 듣건대 6000~7000은 된다고 하였는데, 지금 어찌하여 그처럼 적은가? 그 성은 얼마의 군사가 있으면 지킬 수 있겠는가?"

하니, 정충신이 아뢰기를,

"3000~4000이 있으면 지킬 수 있습니다."

하였다.

(중략)

상이 남이흥에게 이르기를,

"연안(황해도 성)도 성을 지키는 곳인데, 경은 어떻게 방어하겠는가?"

하니, 남이흥이 아뢰기를,

"임진년 이후로 전혀 수선하지 않아서 성문이 무너지고 옛 우물이 모두 못 쓰게 되었습니다. 신은 성을 보수하고 우물을 파려고 하는데 백성의 힘이 고갈되어 일을 시작하기 어렵습니다."

하였다. 상이 정충신에게 이르기를,

"전에 오랑캐에게 갔을 때 당시 사정은 어떠하고 그들의 군사는 얼마나 되던가?"

하니, 정충신이 아뢰기를,

"병마(兵馬)가 정예롭고 강성하여 참으로 대적하기 어려운 적이었습니다. 군사가 얼마쯤 되는지 상세히 알 수 없었으나, 팔부대인(八部大人, 팔기군)이 있다는 말을 들었고, 또 400명을 1초(哨)로 한다는 말이 있으니 대략 9만여 명은 될 것입니다. 이른바 장갑군(長甲軍)·중갑군(重甲軍)이란 것이 각각 100인으로서 모두 수은갑(水銀甲)을 입었는데, 따로 한 초를 만들었습니다. 이들은 씩씩하고 용맹한 자를 따로 뽑은 것으로서 성을 공격할 때에 쓰는 것이라 하였습니다."

히었디. 상이 이르기를,

"오랑캐의 말은 모두 좋은 말이던가? 그 숫자는 얼마쯤 되던가?"

하니, 정충신이 아뢰기를,

"모두 좋은 말이었는데 무리지어 있는 것을 보니 대략 1만여 필(匹)이 될 것 같습니다."

하였다. 상이 이르기를,

"오랑캐의 추장(홍타이지)은 한낱 하찮은 자일 뿐이다. 우리나라 수천 리의 지방에 어찌 적을 제어할 만한 사람이 없으랴마는, 찾는 데에 정성스럽지 못하므로 쉽게 얻지 못할 뿐이다. 지금 장수들이 모두 들어가 지킨다면서 출전할 생각을 갖고 있지 않으니 어찌 한심하지 않은가."

하니, 정충신이 대답하기를,

"우리나라는 본시 군사가 없는 나라인데 아무리 훌륭한 장수가 있더라도 누구와 함께 싸울 수 있습니까? 지금 10만여의 무리를 뽑아서 1~2년 동안 훈련시킨다면 요동도 진격하여 빼앗을 수 있을 것인데, 어찌 방어하려고만 하겠습니까. 지금 창성(昌城)·의주(義州)·안주(安州)의 제진(諸鎭)이 가장 요충지인데 이들 본진에 각각 병사를 거느려 군게 지킬 계획을 세우도록 당부하고, 군진에 들어가는 군사에 있어서는 그 수의 다소에 따라 편의대로 방어하도록 하고, 대동강 주변은 가을 이후에 논과 밭을 깨끗하게 비워서 보급을 차단하게 하면 적이 오더라도 그 형세가 반드시 오래 머무르지 못할 것입니다."

하고, 남이흥이 아뢰기를,

"부원수의 수하 군사가 2000이 못 되니, 어떻게 큰 적을 대항하겠습니까. 정병 수만을 훈련할 수 있다면, 신처럼 못난 자도 목숨을 바쳐 싸워서 스스로 공을 이룰 수 있을 것입니다."

하였다. 상이 이어 술과 음식 및 표범 가죽 등의 물건을 하사하였다.

《조선왕조실록》 인조 2년(1624) 3월 14일

해당 기록은 인조가 이괄의 난을 진압하는 데 큰 공을 세운 무인 정충신과 남이홍을 만나 나눈 대화다. 시대 순으로 보면 정묘호란과 병자호란이 벌어지기 전의 일이지만 인조의 국방 정책에 대한 생각을 매우 잘 보여주기에 이번 기회에 제법 긴 대화임에도 읽어보기로 하자. 전체적인 대화 구조를 파악하기 전 인조가 만난 두 인물에 대해 대략 설명하자면….

정충신은 한때 천한 신분이었으나 임진왜란 때 공을 세워 면천이 된 후 무과 시험까지 합격하여 양반이 된 입지전적인 인물이다. 특히 권율, 이항복 등 이름난 인물들이 그의 뛰어난 재주를 보고 적극적으로 후원한 것으로 잘 알려져 있지. 광해군 시절에는 여진족 동태를 파악하기 위해 동분서주했으며 인조 시절에는 이괄의 난 진압에 큰 공을 세웠다. 그만큼 전장에서 뼈를 묻은 경험 많은 무인이라 하겠다. 다음으로 남이홍은 임진왜란 직후 무과시험에 합격한 무인으로 여러 중요한 관직을 역임했으며 역시나 이괄의 난에서 큰 공을 세웠다.

이렇듯 전장에서 남다른 경험이 있는 정충신과 남이홍은 인조 앞에서 오랑캐, 즉 여진의 공격을 막기 위해서는 서북방의 주요 지점마다 병력을 충실하게 보충해야 한다고 주장하였다. 이를 위해서는 남쪽에서 병력을 적극 징발하여 서북방 요지마다 배치해야 한다고 여겼지. 하지만 인조는 이를 사실상 거부한다. 대신 설사 군사가 부족하더라도 뛰어난 장수만 있으면 하찮은 오랑캐 추장, 즉 홍타이지 정도야 충분히 물리칠 수 있다는 황당한 논리를 펼쳤다.

그러자 정충신과 남이흥은 도원수와 더불어 조선군을 총괄하는 부원수라는 높은 관직마저 직속으로 불과 2000이 안 되는 군사가 배치되어 있는 현실에서 어찌 강한 적을 막을 수 있냐면서 병사 수만이 있으면 큰 공을 세우고 병사 10만이면 오히려 요동을 정벌할 수 있다며 인조의 견해에 대해 적극 반대를 표한다. 인조는 두 사람이 불만을 보이자 이들에게 술과 음식 및 표범 가죽을 선물로 준 채 대충 대화를 끝냈다.

이번 대화에서 흥미로운 점은 우선 전장에서 경험이 많은 무인들은 서북방의 중요 지점마다 군사를 충실히 배치하여 적들이 함부로 수도까지 진격하지 못하도록 하는 전략을 중요하게 여겼다는 것이다. 이는 과거 고구려, 신라, 고려 등이 주변 강대국과 싸울 때 선보였던 나름 성공률 높은 전략이라 하겠다. 반면 대화를 보면 알 수 있듯 인조는 서북방에 대규모 병력을 배치하는 것을 그다지 선호하지 않았다.

사실 인조가 저런 태도를 보인 가장 큰 이유를 찾아본다면 아무래도 자신이 쿠데타를 통해 권력을 잡았기 때문이 아닐까 싶군. 과거 광해군을 몰아내기 위하여 인조는 자신의 편이었던 무인 이서(李曙, 1580~1637)가 마침 파주에서 산성 쌓는 것을 감독할 때, 그곳에 군사를 모아 훈련시키며 정변을 준비하였거든. 그리고 중앙군 책임자인 훈련대장 이홍립을 끌어들여 이서의 군사들이 한양으로 들어올 때 도성 안에서 호응하도록 하였다. 그 결과 안팎에서 호응하는 불과 1400명의 병력으로 쿠데타에 성공하게 된다. 이런 경험이 있는 만큼 서북방 주요 요지마다 실력 있는 장수 아래에 수천 명의 병력을 배치한다면 글쎄. 인조 입장에서 어찌 이들을 믿고 궁궐에서 편안히 지낼 수 있겠는가?

뿐만 아니라 광해군을 내쫓는 쿠데타를 함께한 무인 이괄마저 서북방을 지키던 엘리트 부대를 기반으로 반란을 일으켰기에 의심 병이 더욱 커지면서 무인들에게 가능한 병력을 주지 않고자 노력하였다. 오죽하면 남이홍은 얼마 뒤 벌어진 정묘호란 때 병력 부족으로 성이 함락되자 자결하면서 "장수로 태어나 한 번도 군사 훈련을 하지 못하고 죽다니 애통하다."라고 유언을 남겼을 정도. 이렇듯 인조는 실력이 있는 장수들에게 제대로 된 군사 지휘권을 주지 않은 것을 넘어 아예 군사 훈련마저 하지 못하도록 막았던 것이다.

물론 인조도 북방에서 침입이 언제 일어날지 모르니 그나마 자신이 믿는 무인 이서를 통해 남한산성을 새로 쌓고 궁궐을 호위하는 호위청과 도성을 방위하는 어영청의 병력을 각각 1000명 수준으로 증원하였으며, 경기도 내 병력을 재편하여 총 병력 2만 명 규모의 총융청을 신설하였다. 그 결과 인조 1년(1623) 6500명 정도였던 수도권 일대의 방어 병력이 정묘호란 직전에는 4배 정도로 증원되어 2만 5000명에 이르게 된다. 그러나 이괄의 난 이전 3만여 명에 달했던 서북방 병력은 이전 수준을 회복하지 못하였고 1만 6000명의 병력이 이곳저곳에 분산 배치된 것에 그쳤다. 즉 왕이 직간접적으로 바로 영향력을 미칠 수 있는 중앙군 확보에 집중한 대신 서북방 국경을 지킬 군대 지원은 사실상 포기한 모습.

상황이 이러니 정묘호란 때 후금군은 3만 명이라는 비교적 적은 병력만으로도 압록강부터 한양 지척인 황해도 황주까지 조선군을 차례로 격파하며 단 8일 만에 내려올 수 있었으며, 병자호란 때 청나라군 역시 자국 수도인 심양에서 출발한 지 12일, 조선의 국경을 침범한 지 단 6일 만에 한양에 도착하였다. 그 속도가 얼마나 빨랐는지 조선 조정에서는

1636년 12월 13일에서야 국경을 지키던 임경업이 급하게 보낸 장계를 통해 청나라 군의 침입을 알게 되었건만 바로 다음 날인 12월 14일, 청나라 군이 개성을 통과하여 한양 외곽에 도착했다는 소식이 들렸을 정도. 중요한 정보를 전달하기 위해 급하게 달려온 조선의 파발마와 거의 같은 속도로 청나라 선봉대가 들이닥친 것이다.

이처럼 국경이 너무나 빠르게 무너지면서 인조가 그나마 충실히 준비했다던 중앙군 역시 전투를 위해 집결할 시간마저 벌지 못하였다. 인조의 남다른 무관심과 무인에 대한 견제가 만들어낸 무주공산에 가까운 국경 방어력의 허무한 결과였다. 덕분에 인조는 1만 2000여 명의 병력만 겨우 추스른 채 남한산성에서 숨죽이며 산 아래 청 황제 진영의 당당한 위용을 감상하는 운명이 된다. 자업자득.

고려 현종의 고난

내행전 뒤로는 후원이 위치한다. 꽤 넓은 공간에 담장 안으로 펼쳐지는 들판의 싱그러움이 잠시 숨을 돌리게 만드는구나. 이곳에는 이위정이라 불리는 정자가 운치 있게 서 있는데, 여기서 이위(以威)의 의미는 활을 쏘는 것은 천하를 위협할 수 있지만 활이 아니더라도 인의와 용맹으로 능히 천하를 위압할 수 있다는 깊은 뜻이 담겨있다고. 참고로 이위정은 1817년에 활을 쏘기 위해 세운 정자로서 일제강점기 때 사라졌다가 근래 행궁을 복원하면서 함께 완성되었다. 당연하지만 시기상 인조 시절에는 없던 건물.

한참 정자 주변 후원의 아름다운 풍경을 구경하다보니 슬슬 조선 인조 다음으로 고려 현종 이야기를 할 때가 온 듯싶군. 음. 그래. 이 부분부터 시작해보자. 앞서 살펴보았듯 인조는 이괄의 난, 정묘호란, 병자호란 이렇게 3번이나 수도를 떠나 피난을 간 남다른 경력이 있는 반면, 현종은 2차 여요전쟁 때 한차례 수도를 떠나 피난을 간 경험이 있었지. 이 당시 현종은 요나라 공격을 피해 저 남쪽 나주까지 이동하며 갖은 고생을 다 했는데, 마침 인조도 남한산성 행궁에서 남다른 고생을 한 만큼 두 사람의 피난 중 유사하면서도 달랐던 부분을 언급해볼까 한다.

서경(西京, 평양)에서 패전한 군대의 상황을 아뢰자 여러 신하들이 항복하는 것에 대하여 의논하였다. 강감찬만이 홀로 말하기를, "지금의 일은 그 죄가 강조에게 있으니, 근심할 바가 아닙니다. 다만 많은 수의 군사를 맞아 적은 수의 군사는 적수가 되지 못하므로 마땅히 그 칼날을 피하였다가 서서히 부흥할 방안을 모색해야 합니다."라 하고 마침내 왕에게 남쪽으로 피난할 것을 권하였다.

《고려사절요》 현종 1년(1010) 12월 28일

강조가 이끈 30만의 고려 방어군이 요나라 성종의 40만 병력에게 무너지자 고려 신하들의 여론은 사실상 항복이 대세였다. 그러나 강감찬이 적의 칼날을 잠시 피하였다가 기회를 보면 된다면서 우선 남쪽으로 피난을 권하자, 현종은 급하게 개경을 떠나기로 결정한다. 얼마 뒤 요나라 군대가 개경으로 들어와 궁과 수많은 집을 불태우니, 이렇게 왕이 떠난 수도는 적에게 유린당하고 말았다.

남한산성 행궁 후원 이위정(以威亭) (Park Junehee)

왕의 행렬이 적성현(積城縣, 연천)의 단조역(丹棗
驛)에 이르자 군졸 견영이 단조역의 사람들과 함께 활
을 겨누며 행궁(行宮)을 범하려 하였다. 지채문이 말을
달려 활로 쏘았는데, 적도들이 뿔뿔이 달아났다가 다
시 서남쪽 산에서 갑자기 나와 길을 막으니, 지채문이
다시 활을 쏘아 그들을 물리쳤다. 왕이 창화현(昌化縣,
의정부)에 당도하자 어떤 향리(호족)가 아뢰기를, "왕
께서는 저의 이름과 얼굴을 아십니까?"라고 하였다.
왕이 듣지 못한 척하자, 그 향리가 성을 내며 소란을
일으켰다.

《고려사》 열전 지채문

그렇게 남쪽으로 이동하던 고려 현종은 놀랍게
도 같은 고려인임에도 자신의 일행에 활을 겨누는
이, 중간에 길을 막는 이, 왕이 자신의 이름과 얼굴
을 모른다며 성을 내며 소란을 일으키는 이 등을 만
났다. 왕에 대한 단순히 무례한 태도를 넘어선 매우
공격적인 모습이라 지금 눈으로 보아도 놀랍게 다
가오는걸. 이는 강조의 정변으로 현종이 왕위에 오
른 데다 이것이 요나라가 전쟁을 일으킨 원인이 되
었으며, 더욱이 강조가 전사하고 왕이 수도를 버린
채 피난을 떠나버리자, 지방 호족들의 왕에 대한 충

성이 크게 무너진 모습을 잘 보여주지.

> 하공진과 고영기가 거란(契丹, 요나라)의 진영에 이
> 르러 군대를 돌리라고 간청하였다. 거란의 군주가 이
> 를 허락하고는 곧이어 하공진 등을 억류하자, 호종하
> 던 여러 신료들이 하공진 등이 붙잡혔다는 소식을 듣
> 고 모두 놀라서 두려움에 떨며 흩어져 달아났다.
>
> 《고려사절요》 현종 2년(1011) 1월 3일

한편 적의 기세와 속도가 워낙 거셌기에 왕의 탈
출을 위하여 시간을 벌 필요가 있었다. 이에 하공진
이 외교 문서를 들고 가까운 요나라 진영으로 가서
황제 성종을 만난다. 그러곤 "국왕이 이미 남쪽으로
피난을 갔는데, 계신 곳을 알 수 없으며 남쪽은 이곳
으로부터 너무 멀어서 몇 만 리인지 알 수 없다."라
고 거짓 정보를 알렸다. 그러자 요나라 황제 성종은
사신임에도 하공진을 억류한 채 돌려보내지 않았
다. 이 소식을 듣자 현종을 따라 피난 가던 신료 중
상당수가 두려움에 흩어져 달아났다. 요나라 군대
가 생각보다도 너무나 가까운 곳에 있었기 때문. 그
러나 다행히도 요나라에서는 거짓 정보를 믿고 진
짜로 고려 왕이 이미 멀리 피난을 간 것으로 여겼기
에 얼마 뒤 추격을 멈추었으니, 현종에게 아직 천운

이 남아 있었던 모양.

하지만 이 뒤로도 현종의 피난길은 고난이 이어졌다.

> 왕이 광주(廣州)를 출발하여 비뇌역(鼻腦驛)에 머물렀다. 지채문이 아뢰기를, "호종하던 장수와 병사들이 모두 처자식을 찾는다는 핑계로 사방으로 흩어졌으니, 어두운 밤에 간사한 적들의 도적질이 발생할까 염려됩니다. 청하건대 표식을 장사들의 관모에 나누어 꽂아 이로써 변별하게 하십시오."라고 하였다. 이를 따랐다.
>
> 《고려사절요》 현종 2년(1011) 1월 4일

이제는 왕을 따르던 장수와 병사들마저 흩어지니, 혹시 도적이나 주변 호족들이 왕 일행을 노릴까 봐 걱정되었다. 그래서 표식을 모자에 꽂아 같은 편을 식별하도록 하는 등 일국을 통치하는 왕의 피난길임에도 상황이 참으로 딱한 모양새였다. 그렇게 피난길을 재촉하던 중 전주 근처에서 황망한 일이 또다시 발생했는데,

> 삼례역(參禮驛, 전라북도 완주군)에 이르자 전주절도사(全州節度使) 조용겸이 평상복을 입고 어

가를 맞이하였는데, 박섬이 아뢰기를, "전주는 옛 백제 땅이므로 성조 역시 이곳을 싫어하셨습니다. 행차하지 마시기를 청합니다."라고 하였다. 왕은 이를 옳다고 여겨 곧장 장곡역(長谷驛)으로 가서 묵었다. 이날 저녁에 조용겸이 왕을 머물게 하여 옆에 끼고 위세를 부리고자 전운사(轉運使) 이재, 순검사(巡檢使) 최즙, 전중소감(殿中少監) 유승건과 더불어 흰 깃을 관모에 꼽고 북을 치며 떠들썩하게 나아왔는데, 지채문이 사람을 시켜 문을 닫아걸고 굳게 지키게 하자 적들은 감히 들어오지 못하였다.

《고려사절요》 현종 2년(1011) 1월 8일

전주에 이르자 조용겸이라는 인물이 감히 평상복을 입고 왕을 만나러 오는 무례를 범하더니, 왕 일행이 옛 후백제 영토를 지나가는 것을 꺼려함에도 굳이 왕을 전주에 머물게 하고자 여러 사람을 모아 위세를 보였다. 이에 왕이 머무는 행궁의 문을 닫고 지켜내어 겨우 이들의 준동을 막는다.

거란(契丹, 요나라)의 병사들이 물러갔다.

《고려사절요》 현종 2년(1011) 1월 11일

그렇게 다시 피난길을 이어가던 중 왕 일행은 요

나라 병력이 퇴각을 시작했다는 소식을 듣게 된다. 그럼에도 불구하고 현종은 그나마 자신을 반겨주던 나주까지 이동하여 한동안 휴식을 취한 뒤 비로소 귀경길에 오른다. 참으로 고된 피난길이었다.

이렇듯 현종은 피난길에서 지방 호족들에게 큰 고생을 당하기도 했는데, 이는 당시 고려가 지방 곳곳에 여전히 호족 세력이 독자적인 힘을 가지고 있었기 때문이다. 이에 지방관 역시 일부 중요 지역에만 파견되고 있었으며, 나머지 지역은 호족의 지배를 인정한 채 간접적인 통치로 운영되고 있었지. 그런 만큼 왕이 큰 위기로 피난에 오르자 지방의 여러 호족들이 왕을 업신여기며 함부로 행동했던 것. 불미스러운 일로 우리 지역에 피난을 온 이상 아무리 고려 왕일지라도 우리의 힘을 인정한 채 조심스럽게 행동하라는 거지.

그래서일까? 현종은 이때 처절한 경험을 바탕으로 수도인 개경으로 복귀한 후 호족 세력에 의해 형성된 정치 체제를 청산하고, 국왕을 정점으로 한 강력한 중앙 집권 체제를 운영하고자 노력했다. 이를 위해 지방 제도를 5도 양계로 개편하였으며, 독자적 세력을 보이던 지방 호족들 역시 제압하여 중앙 통치 영향력 아래 둔다. 당연히 이런 적극적인 행정 제도 정비는 이후 고려를 한 단계 더 성장시키는 계기

가 되었다. 하지만 현종의 개혁은 비단 이뿐만이 아
니었다는 사실.

전몰자 대우 및 군사 훈련

현종은 나주에서 개성으로 복귀하는 동안 전주에서 7일, 공주에서 6일을 머무르는 등 피난 때와 달리 천천히 북상하였다. 그 과정 중 어려운 피난길을 함께한 신료에게 상을 내렸으며, 지역의 산신에게 제사를 지내고 행궁에서 연등회를 거행한 데다, 공주에서는 자신을 지지하던 공주절도사(公州節度使) 김은부의 딸과 결혼식까지 치렀다. 이를 통해 왕의 피난으로 뜻하지 않게 고생했을 백성을 위로하며 지역 민심을 달랜 것이다.

양규의 처 은율군군(殷栗郡君) 홍 씨에게 곡식을 지급하고 그 아들 양대춘에게는 교서랑(校書郎)을 제수하였다. 왕이 친히 교서를 지어 홍 씨에게 주며 이르기를,

"그대의 남편은 재주가 온전하여 장수로서의 지략이 있었고, 겸하여 다스림의 도리를 잘 알았으며, 절개를 본받아 정성을 다하였으니, 그 충정은 비할 곳이 없다. 지난날 북쪽 변경에서 나라를 침범한 적

들을 추격하여 붙잡아 여러 성과 진(鎭)이 온전할 수 있었고 누차 많은 승리를 거두었으나 이내 죽음에 이르고 말았다. 항상 그의 공을 생각하면서 죽을 때까지 해마다 그대에게 곡식 100섬(苫)을 내려주도록 하겠다." 라고 하였다.

《고려사절요》 현종 2년(1011) 4월

전쟁에서 죽은 대장군(大將軍) 채온겸과 신영한, 낭장(郎將) 원태, 별장(別將) 최원, 습유(拾遺) 승리인, 태사승(太史丞) 유인택의 집에 쌀과 베를 차등 있게 하사하였다.

《고려사》 현종 2년(1011) 4월 13일

관리에 명하여 전국의 전사자 해골을 수습하여 묻어주고 제사 지내게 하였다.

《고려사》 현종 2년(1011) 4월 14일

개성에 도착하자 다음으로 이번 2차 여요전쟁으로 인해 전사한 이들을 위한 예우 조치에 적극 나섰다. 국가에서 나서서 전사자의 시신을 묻고 제사를 지냈으며 전사한 인물의 집과 가족에게도 지원을 아끼지 않았다. 이는 곧 장수들에게는 나라를 위해 힘껏 싸우다 죽는다 하여도 남겨진 처자식을 나라에서 책임진다는 메시지를 보인 것이며, 일반 백성들에게도 전장에 참여한 당신들을 국가 차원에서 존중하고 있다는 모습을 보여준 것. 당연하게도 이런 모습을 통해 고려는 국왕을 중심으로 하여 점차 똘똘 뭉치는 효과가 만들어진다.

재상들에게 교서를 내려 이르기를,

"『논어(論語)』에서 말하기를, '위태로운데도 지탱하지 않고 넘어졌는데도 부축하지 않는다면, 그러한 재상을 장차 어찌 쓰겠는가.' 라고 하였고, 『서경(書經)』에서는 말하기를, '무릇 나무가 먹줄을 따르면 반듯해지고 임금이 간언을 좇으면 성군(聖君)이 된다.' 고 하였으니, 군신 간의 의리에 있어 마음을 다하여 잘못된 일을 바로잡지 않을 수 있겠는가. 짐은 외람되이 왕위를 차지한 이래로 험난함과 위태로움을 두루 거치며 밤낮으로 두려워하고 부끄러워하며 이 허물을 면하기만을 생각하였다. 경들은 부족함을 힘써 보좌하고 또한 면전에서만 따르는 일이 없도록 하라." 라고 하였다.

《고려사절요》 현종 2년(1011) 4월

또한 현종은 이번 피난길에서 적의 기세에 신료들이 겁이 나서 왕을 버린 채 뿔뿔이 흩어진 것을 주목하여 군신 간 의리가 중요함을 강조했다. 다만 자신도 갑자기 왕이 되어 부족한 부분이 있으니, 앞으로 함께 잘해보자는 식으로 이야기하여 나름 대인배스러운 모습을 보였지.

> 형부(刑部)에서 아뢰기를,
> 조용겸 · 유승건 · 이재 · 최즙 · 최성의 · 임탁은 어가가 남쪽으로 피난하던 시기에 행궁(行宮)을 놀라 동요하게 만들었습니다. 청하건대 제명한 뒤 유배를 보내십시오." 라고 하였다.
> 이를 따랐다.
>
> 《고려사절요》 현종 2년(1011) 8월

다음으로 자신의 피난길에서 함부로 왕에게 행동하던 이들을 제명하고 유배 보냄으로써 왕권을 업신여기면 어떤 결과를 초래하는지 확실히 보여주었다. 뿐만 아니라 전쟁 때 요나라에 항복하거나 제대로 된 전투 없이 패한 자에게도 처벌을 내리는 등 군율을 엄하게 하였다. 이로써 다음 전쟁부터는 엄정한 군율을 통해 군대를 통솔하겠다는 의지를 선보인 것이다.

9월에 왕이 선정전(宣政殿)에 가서 열병(閱兵)하

였다.

《고려사》 현종 8년(1017) 9월

9월에 왕이 함화문(咸和門)에 가서 장교(將校)가
활 쏘고 말 타는 것을 사열하였다.

《고려사》 현종 10년(1019) 9월

뿐만 아니라 매년 9월마다 무예 시험 및 열병식을
개최하여 군사와 장교의 훈련 상태를 왕이 직접 점검
하였으며, 개성과 평양에는 성을 쌓아 방어력을 더욱
높였다. 그리고 때때로 첩자를 보내 거란의 분위기를
상세히 확인하였고, 요나라와 고려 국경선 사이에 살
고 있던 여진족이 귀화하거나 조공을 바칠 때 역시 요
나라 정보를 적극 얻어냈다. 전쟁에서 이기기 위해서
는 상대편에 대한 정보 파악이 가장 중요하기 때문.

이러한 철저한 준비 태세가 있어서일까? 1010년
2차 여요전쟁과 1019년 3차 여요전쟁 사이에 3차례
에 걸쳐 강동 6주를 두고 고려와 요나라의 크고 작
은 공방전이 펼쳐졌는데, 2차전 때 크게 패한 모습
과 달리 고려가 우세한 모습을 보이기 시작했다. 당
시 요나라는 2차 전쟁 때 경험해보곤 고려가 생각보
다 약하다고 여겼는지 과거 자신들이 양보했다고
여기는 강동 6주를 반환하라고 주장했거든. 즉 서희

가 외교를 통해 얻은 강동 6주를 요나라가 가져가겠
다는 의도였다. 물론 고려는 영토를 내줄 생각이 결
코 없었기에 전쟁은 이어질 수밖에.

> 강감찬을 서경유수(西京留守) 내사시랑평장사
> (內史侍郎平章事)로 임명하였다.
>
> 《고려사》 현종 9년(1018) 5월 18일

> 내사시랑평장사(內史侍郎平章事) 강감찬을 서
> 북면행영도통사(西北面行營都統使)로 임명하였다.
>
> 《고려사》 현종 9년(1018) 10월 19일

드디어 현종은 요나라와의 3차 전쟁에 앞서 당시
74세의 나이였던 강감찬에게 북방의 군권을 전적으
로 맡긴다. 이를 위해 강감찬에게 우선 서경유수, 즉
북방의 중요 도시인 평양을 관리토록 하였으며, 다
음으로 서북면행영도통사, 즉 서북방 지역의 병력을
총괄하는 지위를 주었다. 왕이 부여한 이런 탄탄한
지위를 바탕으로 강감찬은 무려 20만 8300명의 군
대를 편성하여 곧 다가올 전쟁을 준비하였다. 고려
가 이번 전쟁을 위해 체계적으로 준비시킨 병력이
라 하겠다. 이로써 요나라를 상대로 설욕전을 펼칠
준비가 마무리되었다.

5

종묘와 사직

행궁 밖으로 나가기 전

후원 담장 밖으로 보이는 종묘와 사직을 바라보며 이제 행궁 여행을 끝내볼까? 이 근방은 산 안이라 그런지 해가 빨리 지는 만큼 남한산성 내 다른 장소도 빨리 보러 가야 하거든. 갑자기 군대 시절에 유독 해가 짧았던 추억이 또다시 떠오르는구나. 아무래도 내가 근무했던 부대가 이 근처 산이라서 말이지. 하하.

이곳에서 보아하니 행궁과 달리 종묘와 사직은 정문이 굳게 닫혀있어 아무나 들어갈 수 없는 듯하다. 하지만 이곳 후원에서도 담담한 격식의 건축물을 전체적으로 감상할 수 있어 참 다행이네. 마치 서울 종로에 위치한 종묘의 축소형처럼 느껴진다고나 할까?

임금(숙종)이 여러 신하들에게 말하기를,
"병자년(병자호란)에는 종묘와 사직을 강화도로 받들고 들어갔는데, 지금 장녕전(長寧殿)이 바로 그때 봉안했던 곳이다. 남한산성에 이르러서는 본래

(위) 후원 담장 밖으로 보이는 종묘와 사직. ©Park Jongmoo

(아래) 강화부궁전도(江華府宮殿圖) 중 장녕전(長寧殿).

종묘와 사직이 없어서 봉안할 만한 건물이 없으니, 진실로 이는 흠이라 하겠다. 수어사(守禦使)에게 명하여 특별히 창건하게 하되, 평소의 제도와 같게 할 필요는 없다." 라고 하였다.

《조선왕조실록》 숙종 36년(1710) 12월 1일

이렇듯 흥미롭게도 이곳 남한산성 행궁에는 강화도 행궁과 더불어 종묘와 사직을 모시는 공간이 존재했다. 이는 강화도 행궁에 비해 늦은 숙종 시대에 들어와 비로소 자리 잡은 것으로 일제 강점기 때 마찬가지로 행궁과 함께 사라졌다가 2000년 이후 복원할 때 함께 만들어졌지. 즉 인조 시절에는 없던 공간이라 하겠다. 혹시 전란이 생길 경우 종묘에 모신 조선 왕의 위패와 더불어 사직에 모신 국토의 신인 사(社)와 곡식의 신인 직(稷)을 함께 옮겨 모셔야 했는데, 강화도에는 이를 보관할 별도 건물이 존재했으나 남한산성에는 없으니 숙종이 만들도록 명한 것이다.

한편 임진왜란과 병자호란을 경험하면서 전쟁에 대한 두려움이 남달랐던 조선 후기. 인조의 증손자로 즉위한 숙종은 중요 국정 과제 중 하나로서 적극적인 도성 방어를 뽑았다. 실제로도 큰 전란 때마다 왕이 수도를 버리고 피난을 떠나는 일이 반복되면서 왕과 정부에 대한 백성들의 신뢰가 매우 낮아진 상황이었거든. 이에 따라 숙종은 이 부분에 대한 의구심을 풀어주기 위해 정부에서 수도 방위를 위해 적극 노력하고 있음을 알리고자 했다.

그런 만큼 1704년부터 1710년까지 한양 도성을 새롭게 보수하였고, 혹시 모를 전란에 대비하고자 북한산성과 남한산성도 새로 쌓거나 보수하기에 이른다. 이 과정 중 남한산성의 경우 종묘와 사직뿐만 아니라 화포 공격에 대응하기 위해 봉암 외성, 한봉 외성 등을 새로이 만들었다. 실제로 봉암과 한봉은 과거 병자호란 때 청나라 군대가 남한산성을 내려다본 채 대포를 설치하여 발사했던 징소로서 이번 기회에 성을 쌓아 방비함으로서 남한산성 내 화포 공격의 가능성을 막고자 한 것. 이중 한봉 외성의 경우 1693년에 수어사 오시복이 성을 쌓기 시작했으나 1705년 청나라 사신이 방문하여 헐어버리자, 영조 시절인 1739년 조현명의 주도하에 다시 축조하였다. 그만큼 청나라 눈치를 보며 진행한 중요 국방 사업이라 하겠다.

당연히 영조 시절에도 남한산성은 업그레이드가 되어 성을 지휘하기 위해 높은 장소에 만든 기존의 1층 건물을 대신하여 1751년 2층 건물인 수어장대가 세워졌으며, 정조 시절인 1779년에는 4대문을 개

보수한 후 각 문의 이름을 새로 지어 동문은 좌익문(左翼門), 북문은 전승문(全勝門), 서문은 우익문(右翼門), 남문은 지화문(至和門)으로 정하였다.

그와 더불어 숙종, 영조, 정조, 철종, 고종 등은 여주, 이천에 위치한 왕릉을 참배하러 가는 길에 남한산성 행궁에서 머물기도 했으니, 다름 아닌 이들은 모두 인조의 후손들이기도 했지. 덕분에 여러 후대 조선 왕들은 남한산성에 올 때마다 자신의 직계 조상인 인조가 당한 굴욕을 생각하며 이곳에서 여러 인상적인 추억을 남겼다. 그중 대표적으로 정조 이야기를 조금 해보자면….

1779년 정조의 남한산성 방문

그럼, 슬슬 다음 장소를 가기 위해 행궁 밖으로 걸어나가며 이야기를 계속 이어가자.

임금(정조)이 말하기를,

"이제 남한산성 행궁에 도착하였으니, 옛일을 생각하며 느껴지는 마음을 스스로 누를 수 없다. 일찍이 옛일을 살펴보니, 병자년 성조(聖祖, 인조)께서 이 궁에 계실 때에 칸의 군사들이 한봉에 올라 대포를 쏘아서 포환이 궁의 기둥을 쳤으므로 성조께서 후내전(後內殿)으로 옮겼다 하였는데, 이 건물이 바로 그때 계시던 건물인가?"

하매, 서명응이 말하기를,

"그렇습니다."

하였다. 임금이 말하기를,

"우리나라의 군사력은 요즈음 더욱 허술해져서 백성은 북치는 소리를 듣지 못하고 군병은 전법대로 움직이는 절차를 알지 못한 채 세월만 보내니, 병자호란 때의 일을 생각한다면 군신상하(君臣上

下)가 어찌 이처럼 게으를 수 있겠는가? 날은 저물고 길은 머니, 성조(인조)께서 이 때문에 조정에서 탄식하셨고 어진 신하들이 이 때문에 상소로 여러 번 아뢴 것이다.

우리나라는 작은 접역(鰈域, 한반도의 별칭)으로서 예의를 대강 아는 지방이므로 세상에서 중화(中華)라는 일컬음이 있었으나, 이제는 인심은 점점 길들게 되고 대의(大義)는 점점 더욱 자취를 감추어, 청나라로 가는 예물(禮物)을 예사로 여기고 부끄럽게 여기지 않으니, 생각이 여기에 미치면 어찌 한심하지 않겠는가? 한족 관리의 위엄을 다시 볼 수 없고 중국 내 더러운 오랑캐를 다시 제거할 수 없는데, 오직 이 북원(北苑, 창덕궁 후원)의 작은 단(壇)에 나라를 지키는 정성을 조금 붙여서 대명(大明)의 일월(日月)이 한 구역의 나라를 비출 뿐이니, 그나마 후세에 할 말이 있을 것이다.

더구나 올해에 들어와 효종께서 성취하시지 못한 뜻을 우러러 생각하니, 못 견디게 원통하고 격앙된다. 돌이켜보면 이제 백성의 힘이 쇠약하고 경비(經費)가 없을 때이니 어찌 반드시 먼 길의 행행을 해야 하랴마는, 올해 영릉(효종 능)에 가지 않는다면 이것이 어찌 하늘의 도리와 의리에서 나올 수 있는 것이겠는가? 그러나 여러 마을에서 물자를 제공

하는 폐단과 여러 군영에서 어려움을 겪는 노고를 먹고 숨 쉬는 사이에 잠시라도 잊은 적이 있겠는가?'

하매, 김상철 등이 말하기를,

"오늘 전하께서 도착한 이곳은 병자년에 난리를 겪은 곳입니다. 성하지맹(城下之盟, 삼전도 굴욕)은 예전부터 부끄럽게 여기는 바이므로, 지금도 이곳을 지나는 사람들은 누구나 상심하고 팔을 걷어붙이고 흥분합니다. 오직 우리 효종대왕께서 와신상담(臥薪嘗膽)의 뜻을 돋우고 복수하여 설욕할 방책을 강구하여 장차 인조(仁祖)께서 성취하시지 못한 큰일을 이룸으로써 천하의 이미 끊어졌던 대의(大義)를 펴려 하다가 불행히 큰 사업을 반도 이루지 못하고 돌아가셨으니, 이것이 충신·열사가 마음 아파 피눈물을 흘려 마지않는 까닭입니다.

이제 우리 전하께서 큰 기업(基業)을 이어받고 조상이 남긴 뜻과 사업을 잘 받들어 계승할 계책을 강구하시지만 이는 정치와 형벌을 공정하게 하고 인재를 수습하여 군병을 기르고 재물의 씀씀이를 절약하는 몇 가지 방법에서 크게 벗어나지 않습니다. 군사를 일으켜 가서 토벌하는 것은 경솔히 의논할 수 없겠으나,《춘추(春秋)》의 존양(尊攘)하는 의리는 천하 만세(天下萬世)에 없어지지 않을 것입니다."

　　라 하였다.

《조선왕조실록》 정조 3년(1779) 8월 3일

　　정조는 1779년 8월 3일, 한양을 출발하여 효종의
능을 가던 중 남한산성에 도착하였다. 이 시점은 마
침 효종이 죽은 지 120주년 되는 해였던 만큼 남다
른 의미가 부여되었으니, 요즘은 조금 약해졌다지만
과거에는 환갑과 유사한 개념으로 60년, 120년 등
60주기를 특별히 의미 있는 기념일로 인식하였거
든. 게다가 효종의 경우 인조–효종–현종–숙종–영
조–정조로 이어지는 조선 후기 왕위 계승자 중 한
명이었던 만큼 위 대화에서도 인조와 더불어 유독
효종 이야기가 많이 나오고 있네. 아참. 저 계보 중
효종 뒤에 등장하는 현종은 고려 현종이 아니라 효
종의 아들인 조선 현종임. 혹시 동일한 묘호(廟號)
라서 헷갈릴까봐.

　　한편 대화 내용을 대략 정리하면 다음과 같다. 정
조와 신하들은 남한산성 행궁에 방문하여 삼전도의
굴욕에 대해 이야기하면서, 효종이 꿈꾼 북벌이 끝
내 진행되지 못한 것을 안타까워했다. 북벌은 효종
이 아버지 인조의 굴욕을 갚기 위해 조선의 군사력
을 키워 청나라를 공격하겠다는 실로 어마어마한

계획이었지만, 큰 국력 차로 인해 결국 실행되지 못했다. 청나라는 병자호란 이후 더욱 국력이 커지면서 아예 명나라를 대신하여 중국을 장악해버렸으니까. 이런 대화를 이어가던 중 정조는 북원 망배례(北苑望拜禮)를 언급하고 있었으니,

> 북원(北苑)의 작은 단(壇)에 나라를 지키는 정성
> 을 조금 붙여서 대명(大明)의 일월(日月)이 한 구역
> 의 나라를 비출 뿐이니,"

가 그 대목.

조선은 인조가 청나라에 굴복하고 얼마 지나지 않아 명나라마저 멸망했음에도 명나라에 대한 사대를 이어가고자 했다. 오죽하면 지금의 창덕궁 후원에 대보단(大報壇)이라는 단을 만들어놓고 명나라를 세운 홍무제 주원장, 임진왜란 때 원군을 파병하여 조선을 도운 만력제, 명나라 마지막 황제인 숭정제의 기일마다 제사를 지내고 있었지. 이를 통해 명나라로 대표되는 중화(中華)가 오랑캐인 청나라에 의해 무너졌지만 여전히 조선이 소중화로서 그 의지를 이어가고 있음을 알리고자 했다. 게다가 해당행사의 경우 명나라의 멸망으로 인해 끊어진 천자의 제사를 조선 왕이 대신한다는 남다른 상징성마

저 부여했거든. 즉 명나라 황제를 위한 제사를 조선 국왕 중심으로 개최함으로써 왕의 권위를 높이고자 했던 모양.

이렇게 보니, 대보단이 완전히 동일한 시스템은 아니지만 조선 왕의 위패를 모시며 철마다 제사를 지낸 종묘와 유사한 역할을 한 듯 보이는걸. 마치 조선 안 명나라 종묘처럼 느껴진다고나 할까?

이 행사는 숙종이 직접 명나라 멸망 60주년을 기념하여 아이디어를 내어 시작한 뒤로 영조 대에 들어와 더욱 그 규모가 커졌으며, 정조 대에도 활발하게 이어졌다. 이에 처음에는 1년에 단 한 차례, 명나라가 패망한 3월에만 행사를 지냈지만, 1749년(영조 25)에는 세 명의 황제 기일 및 즉위일에 제사 및 망배례(望拜禮)까지 시행함으로써 행사의 횟수가 크게 늘어났다. 참고로 망배례는 북쪽을 향하여 향을 피우고 4번 절을 하는 의식을 의미한다. 즉 죽은 황제의 혼에게 4번 절하는 의식이라 하겠다.

뿐만 아니라 시일이 지나면서 세 명의 황제 기일마다 명·청 교체기 때 명나라에서 조선으로 이주해온 후손들과 임진왜란 및 병자호란 때 순절하거나 의리를 지킨 충신·열사·의인의 후손들을 대거 망배례에 참여하도록 하였다. 덕분에 나중에는 좁은 대보단이 아닌 창덕궁의 정전인 인정전(仁政殿)

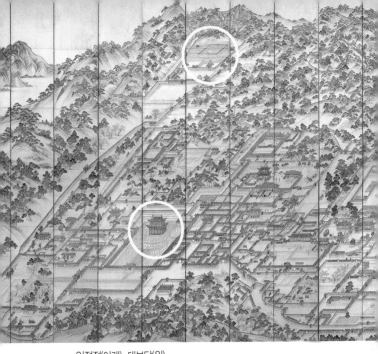

인정전(아래), 대보단(위).

이나 경희궁의 정전인 숭정전(崇政殿) 등 사람이 많
이 모일 수 있는 공개적인 장소에서 행사가 이루어
지기도 했지. 망배례에 참여한 후손들의 숫자마저
1800년(정조 24)만 하더라도 239명이었으니 나름 국
가적으로 중요한 행사가 된 것.

　이처럼 소중화 정신의 발현으로 등장한 명 황제
를 위한 제사는 가능한 왕이 직접 참가하는 형식으
로 1897년까지 약 200년 간 매년 개최되었다. 참고
로 정조만 하더라도 24년 재위 기간 중 무려 23년이

나 명나라 황제의 제사에 참가했을 정도로 열정적이었다는 사실. 이로 미루어볼 때 조선의 명나라에 대한 의리가 놀랍도록 대단했음을 알 수 있구나. 이미 사라진 명나라에 대한 의리를 띄움으로서 병자호란 때 인조가 청나라에게 굴복한 비굴한 역사를 나름 희석시키려는 노력이 엿보인다고나 할까? 그런 만큼 조선 후기를 대표하는 사상인 소중화 의식이 표출된 예시 중 하나라 할 수 있겠군.

정조의 이런 발언에 신하들 역시 동조하면서 다만 "군사를 일으켜 가서 토벌하는 것은 경솔히 의논할 수 없겠으나, 《춘추(春秋)》의 존양(尊攘)하는 의리는 천하 만세(天下萬世)에 없어지지 않을 것입니다."라 하여 그 의리를 추켜세웠다. 이중 "존양"이란 존왕양이(尊王攘夷)의 줄임말로서 천자를 존경하며 보필하되 오랑캐는 배척하여 중화의 질서를 지키겠다는 의미니 이 또한 소중화 사상의 또 다른 표현이라 하겠다. 한마디로 사라진 명나라 황제를 여전히 존경하고 보필하는 대신 현재의 청나라를 멀리하고 배척하는 조선의 자세가 만세가 이르도록 추앙받을 것이라는 의미.

여기까지 보았듯 병자호란 때 삼전도 굴욕을 당한 조선 왕실과 정부는 국가를 제대로 지키지 못하여 뿌리부터 흔들리는 자신들의 정체성과 정당성을 소중화 의식으로 극복하고자 했다. 그러나 지금 눈으로 보면 글쎄? 왜 하필 이미 망한 타국 지배자를 위해 궁궐 안에 종묘와 유사한 시설을 갖춘 채 매년 제사에 저리 공을 들이고 이런 행동을 왕과 신료 모두가 칭송하며 높이 평가하는지 얼핏 잘 이해되지 않는걸. 오히려 사회가 지닌 모순을 해결하기 위해 새로운 이데올로기를 창조하거나 도입하는 것이 아닌 이미 패배하여 사라진 과거의 권위에 의존하는 모습을 보였기에 참으로 안타깝게 다가올 뿐.

음. 그래서일까? 개인적으로는 이와 같은 행동이 마치 인조와 그의 후손들이 만든 거대한 사회적 가스라이팅(gaslighting)이자 성치 쇼처럼 다가올 뿐이다. 이렇듯 병자호란 이후에도 조선은 망한 명나라를 붙잡으며 조선 후기 내내 좁은 사상에서 벗어나지 못하고 말았다. 이것이 다름 아닌 인조가 한반도에 남긴 가장 최악의 결과물이 아닐까 싶군. 인조 시절 완벽한 실패로 귀결된 협소한 사고방식임에도 후대 왕들이 자신의 권력을 유지하고자 인조의 선택을 옹호하면서 이를 계속 따르도록 만들었으니까.

종묘사직과 고려 현종

이제 행궁 밖으로 나와 다음 코스로 이동하자. 음. 다음은 남한산성 남문으로 가볼까? 걸어서 약 15분 거리이니 좀 걸어야 할 듯. 하하. 이때를 대비하여 편의점에서 산 새우깡을 가방에서 꺼낸다. 나는 여행 때마다 새우깡 또는 꼬깔콘을 천천히 먹으며 걷곤 하는데, 달고 맵지 않은 옛날 과자가 요즘 과자보다 훨씬 입에 맞아서 말이지. 어느덧 나이가 꽤 들어서 그런가? 하하. 그렇게 과자를 다 먹을 때쯤 되면 대략 도보 15분 거리에 도착하더군. 오랜 경험이 만들어낸 나만의 시간 측정 방법이라 하겠다. 그렇다. 이는 곧 이번 새우깡을 다 먹을쯤이면 남한산성 남문에 도착할 예정이라는 의미.

그럼 새우깡을 먹으면서 다음 이야기를 이어가자.

거란의 군주가 개경에 들어가 태묘(太廟), 궁궐, 민가를 불사라서 모두 탔다.

《고려사》 현종 2년(1011) 1월 1일

이번에는 역시나 고려 현종 이야기를 할 차례. 조선 역사를 살펴보면 임진왜란, 병자호란 같은 커다란 전란 때마다 종묘에 보관된 신주(神主), 즉 위패(位牌)도 함께 안전한 곳으로 옮겼는데, 그만큼 유교 세계관에 있어 선조를 상징하는 위패가 지닌 의미가 각별했기 때문이다. 오죽하면 지금 눈에는 일개 나무 조각에 불과해 보이는 위패를 거의 목숨만큼이나 중요하게 여겼을 정도. 이는 위패에 다름 아닌 돌아가신 조상의 혼이 깃들어 있다고 생각했기 때문이다.

허나 2차 여요 전쟁 당시 현종은 너무나 급하게 피난을 떠나는 바람에 종묘와 위패를 보호하는 데 실패하였다. 그 결과 태묘(太廟), 즉 종묘와 더불어 그곳에 모신 위패마저 요나라 병력에 의해 불에 타버리는 수모를 겪고 말았지. 당시 사람들의 관점에 따르면 선조의 혼을 보호하지 못한 한심한 임금이 된 것이다.

> 태묘(太廟)가 불탔으므로 철마다 제사를 치를 때마다 각각 본릉(本陵)에서 제향을 거행하였다.
>
> 《고려사》 예3(禮三) 길례대사 제릉

그 결과 2차 여요 전쟁이 끝난 후 철마다 지내는

국가적 대행사인 종묘의 제사마저 한동안 각각의 왕릉에서 거행하도록 할 수밖에 없었다. 당연하게도 개경에서 대규모의 행사를 치르지 못할 정도로 국가적인 위신이 크게 무너진 상황을 의미했지. 이에 현종은 사라진 신주, 즉 위패부터 새로 만들라 명했으니

교서를 내려 말하기를

"옛날 중국의 진(晉) 왕조 때 태묘(太廟)가 화재로 훼손되자, 두예와 사곤 등이 가덕문(嘉德門)을 수리할 것을 아뢰어 임시로 신주를 안치하고 제례를 행하게 하였다. 지금 내가 부덕하여 태묘(太廟)에 재난이 이르게 하였으니 슬프고 상심함이 비록 깊으나, 아직 다시 지을 겨를이 없도다. 그러므로 우선 신주(神主)를 만들어 임시로 만든 재방(齋坊)에 모시려고 하니, 예관(禮官)에게 명령하여 이 일을 의논하여 보고하도록 하라."라고 하였다.

《고려사》 현종 3년(1012) 12월 14일

그렇게 선조의 혼을 모시기 위해 임시로 만든 재방에다 사라진 위패를 다시 만들어 모시도록 한 현종. 그 과정에서 그는 사라진 기존의 종묘와 달리 위패 하나를 더 추가하도록 명했다. 다름 아닌 강조의

정변 때 폐위되었던 목종의 위패가 그것.

> 현종(顯宗) 5년(1014) 4월 비로소 재방(齋坊)을
> 수축하고 임시로 신주(위패)를 봉안하여 친히 체제
> (禘祭)를 거행하였다.
>
> 《고려사》 예3(禮三) 길례대사 제릉

> 왕(현종)이 친히 재방(齋坊)에서 체제(禘祭)를
> 지냈는데, 처음으로 목종(穆宗)을 합사하고 유배형
> 이하의 죄수를 사면하였다.
>
> 《고려사》 현종 5년(1014) 4월 21일

그렇게 임시로 만든 재방에 위패가 봉안되자 현
종이 직접 제사를 지냈다. 제사가 시작되자 고려를
세운 태조 왕건을 중심으로 재방에 모신 모든 왕의
위패가 내부에 쭉 배열되었는데, 이를 통해 지금까
지 왕통의 계보를 보여주면서 제사를 주관하는 현
국왕의 정통성을 확인하는 작업이 제사와 함께 이
어졌다. 제사를 마친 뒤에 국왕은 신하와 백성에게
사면을 내리고 은전을 베풀어 군신 간 위계를 세워
백성의 지지를 얻었으니, 그만큼 당시에는 조상을
위해 치르는 제사의 의미가 남달랐음을 알 수 있군.
이로써 비록 임시로 만든 재방이기는 하나 어느 정

도 왕실의 권위를 되찾는 데 성공하였다.

헌데 이 과정에서 현종은 자신이 왕이 된 사건에 휘말려 폐위되었다가 얼마 뒤 강조가 보낸 사람들에게 살해당한 전왕, 즉 목종의 위패까지 재방에 모시도록 했기에 그 의미가 남다르게 다가온다. 이는 폐위당한 목종 역시 정통성 있는 고려 국왕으로서 인정함과 동시에 쿠데타로 인해 국왕이 교체되면서 벌어진 내부 분열을 치유하고자 선보인 고도의 정치적 수완이라 하겠다. 결국 정변을 일으킨 강조에게 역사적 책임을 지게 한 채 현종 자신은 폐위된 전 국왕의 정통성을 인정하겠다는 포용력 높은 태도를 보여준 것이니까.

사직단(社稷壇)을 수리하였다.

《고려사》 현종 5년(1014) 7월 6일

마찬가지로 현종은 2차 여요전쟁 때 무너진 사직단도 수리하도록 했는데, 사직은 토지신인 국사신(國社神)과 곡물신인 국직신(國稷神), 두 신에게 제사를 지내는 것으로 농업 사회의 상징을 보여주는 공간이었다. 이 역시 종묘와 더불어 유교 세계관에서 매우 중요하게 여긴 장소였기에 현종은 사직단 수리를 종묘 다음으로 중요하게 여긴 것.

태묘(太廟)를 수리하여 신주(위패)를 다시 안치
하였다.

《고려사절요》 현종 18년(1027) 2월

친히 태묘(太廟)에서 제사를 지내며 존시(尊諡)
를 더하여 올리고, 사면령을 내렸다.

《고려사절요》 현종 18년(1027) 4월

한편 3차 여요전쟁에서 고려가 승리하고 꽤 오랜
시간이 지나서야 드디어 임시 재방이 아닌 태묘(太
廟), 즉 종묘가 다시 건립되었고, 현종은 그곳에 고
려 왕들의 위패를 안치시켰다. 오랜 고생 끝에 제자
리로 돌아온 느낌이랄까? 당연하게도 고려의 국가
정통성이 다시금 세워지는 영광스러운 순간인 만큼
현종이 직접 제사를 지냈으며, 그와 함께 역대 고려
국왕과 왕후의 존시(尊諡)를 추가하였다. 이때 존시
란 왕의 업적을 기리고 존경하는 뜻에서 지어 올리
는 호(號)라 하겠으니, 그만큼 현종으로 인해 어느덧
고려 왕실의 권위 또한 크게 높아졌음을 보여준다.
이 시점부터 실제로도 고려의 최고 전성기가 시작
되었거든.

이처럼 종묘와 사직은 고려, 조선 모두에게 중요

한 공간이었다. 다만 여요전쟁을 승리로 이끈 고려의 역사에서는 종묘와 사직이 절망을 극복하여 성공을 상징하는 공간으로 다가왔다면, 병자호란에서 패한 조선 역사에서는 글쎄, 기존의 종묘와 사직을 넘어 명나라 황제 제사까지 모시면서 과거에 사로잡힌 안타까운 공간으로 남은 듯하구나. 이 역시 승리한 역사를 만들어낸 시대와 패배한 역사를 만들어낸 시대가 각기 보여준 다른 결과물이 아닐까 싶다.

6

남문에서
수어장대까지

남문에 도착하다

행궁 옆 꽤 큰 규모의 주차장을 지나 도로를 따라 남쪽으로 계속 걸어가다보면 점차 한적한 분위기가 열린다. 여전히 2차선 도로에 자동차는 자주 다니지만 사람으로 붐비는 행궁 주변과 달리 이동하는 이가 별로 보이지 않거든. 이 도로를 따라 차를 타고 조금만 더 남으로 이동하면 산성터널이 등장하지. 그렇다. 아까 올라올 때와 반대로 남한산성에서 하산하는 코스라 하겠다. 여행이 끝나고 나 역시 버스를 타고 내려갈 길이기도 하다.

음. 새우깡을 먹으며 조금 더 걸으니, 산성터널이 저 멀리 시야에 등장하는걸. 하지만 나는 남한산성 남문을 향해 가므로 이쯤에서 언덕 따라 올라가는 갈림길을 이용하기로 한다. 등산하듯 한참 올라가자 차가 다닐 수 없게 차단이 되어있고, 그 옆으로 매점이 하나 있네. 딱 여기에 도착하는 순간 거짓말같이 봉지 안 새우깡이 다 사라졌군. 어이쿠. 몸 안으로 충전하던 연료 공급이 다 끝난 느낌이 든다. 다른 연료를 매점에서 살까 하다가 이내 포기하였다.

과자나 단순한 요깃거리로 배를 채우기에는 뭔가 아쉬워서. 나중에 남한산성 내 음식점에 들러 맛있는 것을 먹고 하산할 예정이거든.

한편 남한산성 남문은 이곳의 여러 성문 중 정문 역할을 하며 그만큼 규모 역시 가장 크다. 특히 정조 시절 새롭게 지어지면서 지화문(至和門)이라는 멋진 이름이 붙여졌지. '지극히 화목한 문'이라는 의미로서 과거 사람의 이동이 가장 많은 문이라 지어진 이름이라고 전한다. 지금은 등산객들이 주로 방문하는 장소로 자리매김하고 있는데, 산 아래 위치한 남한산성공원에서 출발하면 등산으로 약 30분 정도 걸려 이곳에 도착할 수 있거든.

오호~ 문 앞에 오니, 오후인지라 그런지 아무래도 하산하는 등산객이 종종 보이네. 반면 오늘 오전만 하더라도 반대로 저 아래부터 올라와서 이곳에 도착하는 등산객이 많았겠군. 오랜 등산 경험에 따르면 등산객 상당수는 오전에 등산하니까. 그러나 저녁 산길을 하는 이들도 비율의 차이가 있을 뿐 찾아볼 수 있으니, 이 중에는 조선 왕 인조도 있었다는 사실.

개성유수(開城留守)가 아뢰기를 적병이 이미 송도(松都, 개성)를 지났다고 알려오자, 마침내 파천

(播遷)하는 의논을 정하였다. 예방승지 한흥일에게 명하여 종묘사직의 신주(神主, 위패)와 빈궁을 받들고 먼저 강화도로 향하게 하였다.

《조선왕조실록》 인조 14년(1636) 12월 14일

저물 무렵에 임금의 행차가 출발하려 할 때 마부가 다 흩어졌는데, 내승(內乘) 이성남이 임금이 타는 말을 끌고 왔다. 임금의 행차가 숭례문(崇禮門, 남대문)에 도착했을 때 적이 이미 양철평(良鐵坪, 은평구)까지 왔다는 소식을 접했으므로, 상이 남대문에 올라가 신경진에게 문 밖에 진을 치도록 명하였다. 최명길이 오랑캐 진형으로 가서 사태를 살피겠다고 청하니, 최명길을 보내어 오랑캐에게 강화를 청하면서 그들의 진격을 늦추게 하도록 하였다.

상이 돌아와 수구문(水口門, 광희문)을 통해 남한산성으로 향했다. 이때 변란이 매우 급작스럽게 일어났으므로 임금을 모시는 신하 중에는 간혹 도보로 따르는 자도 있었으며, 성 안 백성은 부자·형제·부부가 서로 흩어져 그들의 통곡 소리가 하늘을 뒤흔들었다. 초경(저녁 10시경)이 지나서 임금의 행차가 남한산성에 도착하였다.

《조선왕조실록》 인조 14년(1636) 12월 14일

한 겨울 청나라 병력이 얼어붙은 강을 말을 타고 가볍게 통과하며 쳐들어오자 인조는 파천(播遷), 즉 피난을 떠나고자 했다. 우선 봉림대군과 인평대군을 비롯한 여러 왕실 사람들과 사대부의 가족들을 종묘의 위패와 함께 강화도로 이동하도록 하고 왕과 소현세자는 마저 일을 마무리한 뒤 그날 오후 늦게 출발하려 했는데, 이럴 수가. 청나라 병력이 개경을 지나 금세 한양 근처까지 다가온 것이 아닌가? 파죽지세 그 자체였다.

급박한 상황에서 인조는 최명길이 적진으로 파견을 요청하니, 그를 사신으로 파견하였다. 그렇게 외교 협상을 위해 청나라 군대가 잠시 이동을 늦추자 그 사이를 틈타 왕의 일행은 수구문을 통해 한성을 빠져나왔다. 본래는 한성의 정문인 숭례문, 즉 남대문을 통해 피난가려고 했으나, 여의치 않아 벌어진 일로 수구문은 한양에서 시신을 성 밖으로 옮기는 문으로 유명했거든. 그렇다. 죽은 사람이 주로 사용하던 문이었던 것. 그런 만큼 당시 격식에 따르면 결코 존귀한 신분인 왕이 사용할 문이 아니었지만 상황이 매우 급하니 체통을 지킬 여유도 없었던 모양이다.

이렇게 한양을 탈출한 왕의 행차는 쉬지 않고 이동하여 저녁 10시경 남한산성에 도착했으니, 이때

남한산성 남문. (위) 남문에서 수어장대 방향으로 세워져 있는 성벽
©Park Jongmoo

사용한 문이 바로 지금 내가 도착한 남한산성 남문이다. 그래도 남한산성에서는 한결 여유를 찾아 정문인 남문으로 들어온 듯하지만, 당연하게도 일행의 저녁 산길이 참으로 고되지 않았을까? 당시 인조의 경험을 직접적으로 느끼기 위해 군대를 제대하고 딱 한 번 등산으로 이곳까지 올라가본 적이 있었는데, 경사가 높은 마지막 깔딱고개를 땀을 흘리며 지나갈 때 저 위에 등장하는 남문의 위용이란. 지금처럼 편하게 감상하는 것과 확연히 차이나는 웅장함으로 다가왔다. 다만 당시 나는 오전에 만난 모습이라 인조가 만난 밤의 모습과는 차이가 있었겠지만.

왕의 행차가 새벽에 산성을 출발하여 강도로 향하려 하였다. 이때 눈보라가 심하게 몰아쳐서 산길이 얼어붙어 미끄러워 말이 발을 디디지 못하였으므로, 상(上, 인조)이 말에서 내려 걸었다. 그러나 끝내 도착할 수 없을 것을 헤아리고는 마침내 성으로 되돌아왔다.

《조선왕조실록》 인조 14년(1636) 12월 15일

그렇게 남한산성에 도착한 직후인 다음 날 새벽, 인조는 남한산성 남문을 내려가 다시 한 번 강화도로 향하려 했는데, 이는 강화도는 바다에 있는 섬인지라 배를 통해 물자를 지속적으로 지원받을 수 있으나, 이곳 남한산성은 고립될 경우 외부의 구원을 받기 힘든 데다 성 내 물자마저 부족했기 때문이다. 하지만 전날 저녁 등산과 달리 다음날 새벽 하산은 결국 실패하고 말았으니, 밤새 눈보라가 심하게 몰아쳐서 산길이 완전히 얼어붙어버린 것. 오죽하면 인조는 말에서 내려 걸어가고자 했지만 이마저 미끄러운지라 쉽지 않았다. 그 결과 남한산성 행궁으로 돌아와 버틸 수밖에 없었으니⋯. 본격적인 산성 농성의 시작이라 하겠다.

왕의 친정

　남한산성 남문을 구경하다 철문 밖으로 보이는 주변 풍경을 살펴본다. 참~ 군대 시절에도 훈련 중 부대에서 가까운 이곳을 방문한 적이 몇 차례 있었는데 말이지. 또 다시 추억이 떠오르네. 그때만 하더라도 자유롭게 다니는 등산객을 보며 하루라도 빨리 제대하고 싶다는 생각이 들었거든. 하하. 물론 병장 때가 되자 나름 여유가 생겼지만.

　이제 성 밖으로 슬쩍 나와 산을 따라 쭉 올라서 있는 성벽을 감상한다. 성 내 물자와 인력만 풍족하다면 정말로 공략이 쉽지 않은 모습이다. 단순히 성벽만 보면 그리 높지 않다고 여길지 모르나 비탈진 산 위에다 세웠기에 느낌이 다르거든. 마치 겨울 체감 온도가 실제 온도보다 더 추울 때가 많은 것처럼 체감 높이가 더 높아 보인다는 의미. 이것이 평지성과 구별되는 산성의 위용이라 하겠다. 산과 성벽이 하나가 되면서 더욱 높고 견고한 방어력을 보이니까. 그런 만큼 삼국시대부터 한반도의 여러 왕조들은 산성을 방어용으로 적극 활용했으니, 남한산성 역시 한반도 내 산성의 역사를 잘 보여주고 있구나.

다시 이야기로 돌아와 어쨌든 고생 끝에 여차여차 방어력이 남다른 산성으로 피난 온 인조였으나, 그 역시 처음 왕이 될 때만 하더라도 일국의 국왕으로서 남다른 당당함을 보여주고 싶었지. 그래. 지금부터 등장하는 이야기는 1년 차 왕이던 시절 인조가 꿈꾸던 군왕의 모습이라 보면 좋겠군.

상(上 인조)이 이르기를,

"일찍이 변방에 사태가 발생할 경우 앞서 싸워야 한다는 의견이 있었으나, 아직 결정하지 못했다. 어떻게 하면 되겠는가?"

하니, 영의정 이원익이 아뢰기를,

"성상께서는 여기에 머물면서 앞서 싸워야 한다는 말을 옳게 여기고 계십니다. 신이 감히 제 의견만 옳다고 할 수는 없습니다만 수성(守城)한다는 말이야말로 내용이 없는 것입니다. 적이 도성에 밀어닥칠 경우 군신 상하가 어떻게 종묘사직을 받들면서 사수할 수 있겠습니까. 도성을 지키는 일은 장수들이 할 일이지 인군으로서 할 수 있는 일은 못 됩니다. 과거 임진왜란 때 피난하려고 하니 인심이 동요될 듯하고 그렇다고 도성을 지키자니 그것 또한 좋은 계책이 못되어서 이미 정하지도 못한 가운데

급하게 서울을 떠나게 되었으니, 당시의 일은 차마 말할 수 없는 점이 있습니다. 지금의 사세는 또 임진년과는 다른데, 수성론이 옳은지 모르겠습니다. 일을 의논할 때는 여러 사람의 말을 들어야 하겠지만 결단은 혼자서 내리셔야 합니다. 원하옵건대 여러 신하의 의견을 들어보신 뒤 성상께서 단안을 내리소서."

하고, 좌의정 윤방이 아뢰기를,

"친정(親征)하는 일도 가벼이 의논할 수 없고 수성(守城)하는 일 역시 성급하게 논하기 어렵습니다. 적이 깊이 들어오지 않는다면 굳게 정하여 움직이지 않아야 하겠지만, 불행히도 적이 깊이 들어올 경우에는 도성을 결코 지킬 수 없습니다."

하고, 우의정 신흠이 아뢰기를,

"앞으로 진격했다가 혹 후퇴하여 피하게 될 경우 황해도 평산(平山)에서 강화도로 들어가는 길은 멀리 돌아가게 되고 개성에서 강화도로 들어가는 것 역시 순탄치가 못합니다. 친정하는 것이 정론(正論)이라 하더라도 때에 임하여 낭패하게 되는 근심이 있을까 염려됩니다."

하고, 예조 판서 이정구가 아뢰기를,

"적이 서쪽으로 침입하리라는 말이 과연 신빙성이 있다면 대의에 입각하여 역시 친정하겠다고 유시하는 것이 온당합니다. 꼭 친정하지 않는다 하더라도 먼저 그런 소문을 낸 뒤에 나중에 친정 여부를 결정하는 것 또한 병가(兵家)에서의 한 가지 방법입니다."

하고, 진원 부원군(晉原府院君) 유근이 아뢰기를,

"만세를 부르며 강을 건넌 것은 중원(中原)을 회복하기 위한 것으로서 진출할 뜻이 있는 것입니다. 그러니 지금은 다만 이곳에서 거듭 호령을 천명하기만 하면 됩니다."

하고, 형조 판서 이시발이 아뢰기를,

"신이 서쪽 변방에 있을 때 장수와 병사들이 왕께서 친정하신다는 말을 듣고 상당히 사기가 격려되었습니다. 만일 한가롭게 세월만 보낸다면 갑자기 변이 발생할 경우 뒤로 물러서려 해도 되지 않을 것입니다."

하고, 병조 판서 김류(金瑬)가 아뢰기를,

"천하의 형세는 처음과 끝을 헤아려 본 뒤에야 무슨 일이든 할 수 있습니다. 만일 친정한다고 명분을 세워 군사를 격려시키는 일이라면 가능할 수도 있겠지만, 실제로 친정할 경우 종묘사직을 어떻게 하실 것입니까. 오늘날의 사세를 보건대 도성이 무사하리라는 것도 보장할 수 없습니다. 혹시 친정을

했다가 도성에 사태가 발생하면 어떻게 할 것입니까?'

(중략)

상이 이르기를,

'나의 뜻은 두 가지 의논을 다 견지하고 싶지 않다. 적이 변경을 침범하면 나아가 싸움을 감독하고 사기를 북돋워주며 후퇴하는 장수는 참하여 군율을 엄숙하게 하겠다.'

하였다. 이에 여러 신하들이 모두 아뢰기를,

'오직 성상의 결단에 달려 있는데, 성상의 뜻이 이와 같다면 그 누가 격려되지 않겠습니까.'

《조선왕조실록》 인조 1년(1623) 11월 12일

1623년 3월 광해군을 내쫓는 쿠데타인 인조반정이 벌어졌고 그로부터 얼마 지나지 않아 인조와 신하들이 모여 중요한 주제를 두고 의논하고 있었다. 명나라와의 관계를 중요시하는 대신 북방 유목세력과는 척을 두겠다는 정책을 내세운 이상 북서쪽에서 적이 쳐들어올 경우 왕이 어떤 모습을 보여야 할지가 그 주제였지. 그러자 신하들의 의견은 크게 두 가지로 나뉘었으니, 1. 황해도 평산이나 개성으로 왕이 친정을 가야한다. 2. 친정을 했다가 무너지면 도성과 종묘사직은 어떻게 방어할 수 있겠는가? 가 그것.

그러자 인조는 당당하게 "나는 적이 변경을 침범하면 나아가 싸움을 감독하고 사기를 북돋워주며 후퇴하는 장수는 참하여 군율을 엄숙하게 하겠다."라고 논의를 정리하였다. 바로 이 모습이 다름 아닌 인조가 이상적으로 생각하던 군왕의 모습이었던 것.

하지만 인조의 당당한 태도는 불과 2달 뒤인 1624년 1월 이괄의 난이 벌어지자 한양을 떠나 피난을 가는 모습에서 1차로 무너졌으며, 1627년 정묘호란 때 2차로, 1636년 병자호란 때 3차로 한양을 떠나 피난 가는 모습을 이어갔다. 아마 한반도 역대 군왕 중 피난을 가장 많이 떠난 인물이 아니었을까? 사실상 말만 앞섰을 뿐 실천과 거리가 먼 인물이었던 것.

반면 그와 달리 도성으로 진격해오는 적을 맞이해 수도를 지켜낸 왕도 한반도 역사에 존재했으니, 3차 여요전쟁에 임한 고려 현종이 대표적이다. 당연하게도 이는 고려 현종의 이전 실패를 답습하지 않겠다는 남다른 의지가 만들어낸 행동이었지.

고려의 준비 태세

이곳은 성벽 길뿐만 아니라 성 안으로도 걷기 좋게 길이 조성되어 있다. 그럼 이번 코스는 성 안으로 조성된 길을 따라 남한산성 내부에서 가장 높은 장소인 수어장대로 올라가보기로 하자. 마치 산책길처럼 잘 만들어져있으니까 편한 이동이 가능. 슬슬 걸어보니, 시원하게 뻗은 길을 따라 여러 종류의 나무들이 양 옆으로 펼쳐져 있어 무척 기분이 좋구나. 다만 수어장대까지 거리가 좀 있는지라 걸으면서 이번에는 3차 여요전쟁 이야기나 해볼까? 걸음걸이 속도에 따라 대략 15~20분은 걸릴 듯.

교(敎)하기를,
"을묘년(1015) 이래로 북쪽 변경에서 전사한 장수와 병졸들의 부모 및 처자식에게는 물품을 차등 있게 하사하도록 하라."라고 하였다."

《고려사절요》 현종 9년(1018) 8월

왕이 선화문(宣化門)에 방문하여 삼위군(三衛

軍)과 응양군(鷹揚軍), 공신의 자손 및 문반 6품 이하로서 무예가 있는 자들을 모아놓고 시험을 쳐서 등수를 정하였다.

《고려사절요》 현종 9년(1018) 9월

한편 3차 여요전쟁 직전까지 고려 현종은 전사자를 높이 대우하고 무장들의 무예 상태를 확인하는 작업을 쉬지 않고 이어갔다. 즉 전쟁에서 싸우다 죽은 이의 가족을 적극 지원해주고 살아있는 사람들은 잘 훈련시켜서 다음 전쟁을 위한 준비 자세를 갖춘 것이다. 왕이 이처럼 말뿐만 아니라 직접 나서 행동을 보여주니, 국가 전체가 이번에는 제대로 한 번 해보자는 의지로 똘똘 뭉칠 수밖에.

그러곤 겨울이 다가오기 직전인 10월이 되자 강감찬을 서북면행영도통사(西北面行營都統使)로 임명하여 서북방 군권을 총괄하도록 하였다. 아무래도 북방 유목민이 세운 국가들은 자신들의 장점인 기병을 제대로 활용하기 위해 한반도를 겨울에 공격하는 경우가 잦았거든. 강이 얼어붙어 배를 탈 필요 없이 말로 빠르게 진격이 가능한 시점이 다름 아닌 겨울이었기 때문. 이에 거란이 세운 요나라뿐만 아니라 여진이 세운 청나라 역시 겨울이 되면 기다렸다는 듯이 한반도를 공략하였다. 그만큼 한반도에서는 겨울이 되기 전 철저한 방비책을 준비하는 것이 중요했으나, 고려 현종은 2차 여요전쟁 이후 이에 대한 대비가 철저했던 반면 조선 인조는 앞서 보았듯 글쎄?

이렇듯 강감찬에게 군권을 부여하는 것으로 다음 전쟁을 거의 다 준비한 후 고려는 두 가지 외교 정책을 선보였다.

> 예빈소경(禮賓少卿) 원영을 거란(契丹, 요나라) 에 보내 화의를 청하였다.
>
> 《고려사》 현종 9년(1018) 10월

우선 고려는 요나라로 사신을 보내 마지막까지 평화를 이어가는 방안을 찾아본다. 아무리 싸울 준비가 완비되었어도 전쟁은 안 하는 것이 아무래도 최선이니까. 그러나 요나라는 여전히 강경하였지. 전쟁을 하지 않으려면 서희가 외교 담판으로 확보한 강동 6주를 넘기고 고려 왕은 요나라 황제에게 인사 드리러 요나라로 와야 한다는 조건을 내세웠으니까. 다만 고려 역시 자국으로 귀화하는 여진족과 거란인 으로부터 요나라 분위기 및 정보를 꾸준히 얻어왔기 에 이런 결과가 나올 가능성이 높다고 생각하고 있 었다. 그래서 곧바로 다음 외교 전략을 이어간다.

송나라의 천희(天禧) 연호를 시행하였다.

《고려사》 현종 9년(1018) 10월

    드디어 고려는 자국의 노선을 명확하게 보인다. 이제부터 요나라 연호를 사용하지 않고 대신 요나라의 라이벌인 송나라 연호를 사용하기로 한 것. 이는 다른 말로 요나라 천하관을 더 이상 인정하지 않겠다는 선언이기도 했다. 이렇듯 고려는 인내하고 인내한 끝에 더 이상 전쟁을 피할 수 없는 최후의 상황이 되자 비로소 요나라 연호를 사용하지 않는 모습을 보였다. 이는 조선이 작은 자존심을 지킨다고 청나라와의 외교를 매번 엉망진창으로 만든 것과 비교되는 모습이 아닐까 싶군. 뿐만 아니라 고려는 전쟁에 대한 대비책도 충분히 갖춰놓은 상태를 만든 뒤 비로서 요나라에 대한 강력한 외교를 펼쳤으니, 이 역시 조선과 비교되는 대목이었다.

3차 여요전쟁의 시작, 그리고

고려는 993년 서희가 확보한 강동 6주를 빠른 속도로 흡수한 후 주요 길목마다 성과 요새를 겹겹이 쌓았다. 이들 성과 요새는 이후 요나라와 전쟁에서 탄탄한 방어선으로서 대단한 활약을 했으니, 이 중 지금의 평안북도 의주에 설치된 흥화진(興化鎭)은 국경에서 가장 가까이 세워진 요새인지라 요나라와의 전투 빈도 역시 다른 성보다 잦았지. 1010년(현종 1년), 1017년(현종 8년) 전투 등이 그것. 더욱이 여러 번의 전투에서 요나라는 흥화진을 함락하는 데 실패하였기에 1018년에는 아예 흥화진을 우회하여 남하하는 과감한 작전을 펼쳤다.

개태(開泰) 7년(1018)에 조서를 내려 동평군왕(東平郡王) 소배압을 도통(都統)으로, 소허열을 부도통으로, 동경유수(東京留守) 야율팔가를 도감(都監)으로 삼아 다시 고려를 정벌하게 하였다.

《요사》 권115 열전45

한편 1018년 3차 여요전쟁에서 요나라 병력을 지휘한 인물은 소배압(蕭排押)으로 1차 여요전쟁에서 서희와 외교 담판을 한 소손녕의 형이라는 사실. 특히 소배압은 요나라 5대 황제의 사위이자 몽골과 송나라와 전쟁에서 크게 활약했으며, 2차 여요전쟁에서도 고려군을 격파하는 등 큰 공을 세워 3차 여요전쟁 때는 이미 왕으로 봉해진 인물이었다. 참고로 요나라는 황제국을 표방한 만큼 큰 공을 세운 인물을 황제 바로 아래 위치인 왕에 봉하기도 했거든. 이에 따라 위의 기록처럼 동평군왕(東平郡王)이 소배압의 당시 지위였지. 게다가 그가 통솔하는 병력은 10만 명으로서 기병을 중심으로 하는 상당한 엘리트 병사였다. 요나라 6대 황제인 성종은 자신이 꺼낼 수 있는 최고의 카드인 요나라를 대표하는 명장과 병력을 동원하여 이번 기회에 고려를 완벽히 굴복시키려 한 것이다.

> 강감찬에게는 12결의 땅이 개령현(開寧縣, 지금의 경상북도 상주)에 있었는데, 왕에게 아뢰어 군호(軍戶)에게 공급하였다.
>
> 《고려사》 열전 강감찬

강감찬은 성품이 청렴하고 검약하여 집안 살림

을 돌보지 않았다.

《고려사》 열전 강감찬

이런 소배압을 상대하는 고려의 인물은 우리에게 잘 알려진 강감찬이다. 그는 당시 기준으로 36세라는 비교적 늦은 나이에 과거시험에 장원 급제한 후 관직 생활을 시작했으며 여러 활동 끝에 74세의 나이로 이번 여요전쟁을 책임질 위치에 올라섰다. 뿐만 아니라 강감찬은 청렴하여 집안 살림마저 돌보지 않았다는 세간의 평대로 자신의 꽤 넓은 땅을 자진하여 군사들을 지원하기 위한 용도로 기증하였는데, 이런 행동 역시 그의 남다른 면모를 보여주는 이야기라 하겠다. 당연하게도 이런 성품은 함께 사는 가족들을 힘들게 만들었겠지만 주변 많은 사람들에게는 존경하고 따를 수밖에 없는 모습으로 다가왔을 테지. 현종은 이와 같이 믿을 만한 성품과 실력을 지닌 강감찬을 발탁함으로써 이번 전쟁의 승패를 사실상 결정하게 된다.

거란의 소손녕이 침입하니, 병사가 10만 명이라 하였다. 당시 강감찬은 서북면행영도통사(西北面行營都統使)가 되었는데, 왕은 그를 상원수(上元帥)로 임명하였고 대장군 강민첨을 부원수로 하였으며, 내사사인(內史舍人) 박종검과 병부낭중(兵部郎中) 유참을 판관(判官)으로 삼아 군사 20만 8300명을 거느리고 영주(寧州, 평안북도 안주)에 주둔하게 하였다. 흥화진(興化鎭)에 이르러 기병 1만 2000명을 뽑아 산골짜기에 매복시킨 후에, 큰 동아줄을 소가죽에 꿰어서 성 동쪽의 큰 냇물을 막고 그들을 기다렸다. 적들이 오자 막아놓았던 물줄기를 터놓고 복병을 돌격시켜 크게 패배시켰다.

《고려사》 열전 강감찬

그렇게 전쟁이 시작되자 적의 움직임을 신속하게 파악한 강감찬은 흥화진을 우회하여 들어오는 요나라 군대를 공격하기 위해 미리 냇가의 물줄기를 막고 있었다. 그러곤 적이 냇물에 들어서는 순간 막아놓았던 물줄기를 터놓고 적이 우왕좌왕할 때 1만 2,000명의 고려 기병으로 급습하여 적에게 큰 피해를 입힌다. 3차 여요전쟁에서 기선을 잡은 순간이라 하겠다.

하지만 요나라의 엘리트 병사를 거느린 소배압은 이 정도 압박에 굴하지 않았다. 웬만한 적이라면 이 정도 패전을 당했다면 다음 기회를 노리고 후퇴했을지 모르나, 소배압의 병력들은 오히려 군대를 재정비 후 고려의 수도인 개성으로 냅다 달리기 시작했으니까. 이 와중에 대장군 강민첨이 요나라 군대를 추격하여 1만 명을 죽이는 성과를 얻었으나 그럼에도 불구하고 소배압은 더욱 속도를 내서 개성을 향해 달려갔다. 병력을 좀 잃더라도 왕만 붙잡으면 전쟁에서 이길 수 있다고 생각했기 때문. 마치 장기나 체스에서 아무리 병력을 잃어도 왕을 잡는 순간 게임이 끝나는 것과 마찬가지였다.

적의 비상식적인 과감한 행동에 상황이 급해지자 강감찬은 병사 1만 3000여 명을 급히 개성으로 보내 수도 방어를 돕도록 했는데, 적들은 기병으로 빠르게 돌격하는지라 지원군이 제때 시간에 맞추어 개성에 도착할 수 있을지 걱정이었다. 결국 지금의 위급한 상황을 수도 개성에서 어떻게 막아내느냐가 이번 전쟁의 관건이 되고 말았으니.

현종의 결단

요나라 군대의 움직임이 알려지자 수도 개성도 바빠지기 시작했다. 국경을 넘어 침공하는 과정에서 강감찬에 의해 일부 군대를 잃었지만 그럼에도 여전히 8~9만 규모의 요나라 대군이 수도로 빠르게 달려오는 중이었거든. 반면 수도를 방어하는 병력 숫자는 그다지 충분하지 않았다. 국경에 강감찬이 지휘하는 20만 대군을 배치하여 적을 막아내는 것이 본래 고려의 전략이었으니까. 즉 예상을 뛰어넘는 일이 벌어진 것이다. 그럼에도 불구하고 충분한 준비 태세와 남다른 리더십이 있다면 예상하지 못한 위기마저 극복할 수 있지 않을까? 그럼 수도 개성의 분위기를 한 번 따라가보자.

태조(太祖)의 재궁(梓宮; 관)을 받들어 부아산(負兒山, 삼각산) 향림사(香林寺)로 옮겨 안치하였다.

《고려사》 현종 9년(1018) 12월 23일

우선 현종은 태조 왕건의 관을 능에서 꺼내 삼각산에 위치한 사찰로 옮기도록 명했다. 개성 가까이 온 적들이 성을 공격하기 전 고려군의 사기를 꺾기 위하여 성 밖에 위치한 태조 능을 훼손할 가능성이 있었거든. 이런 상황이 닥치면 당연히 고려 왕실에게는 큰 치욕이 되겠지. 이를 미리 예방하도록 한 후

경성(개경) 안에 경계를 엄중히 하였다.

《고려사절요》 현종 9년(1018) 12월 26일

개성의 경계를 강화하여 사실상 계엄령 상황을 유지하도록 하였다. 왕이 수도를 버리고 피난을 떠난다면 성이 큰 혼란으로 가득할 텐데, 이와 완전히 반대되는 행동을 보인 것. 그렇다. 이로써 현종은 이번에는 결코 수도를 떠나지 않고 반드시 국왕이 나서서 지켜내겠다는 의지를 보였다. 그런 만큼 개경 내부는 적이 다가옴에도 동요 없이 침착한 분위기가 연출되었겠지.

이렇듯 국왕이 나서서 진중한 상황을 유지한 후 적이 더 가까이 다가오자 현종은 준비된 듯 다음 명을 내린다.

소손녕(소배압의 오기)이 신은현(新恩縣, 황해

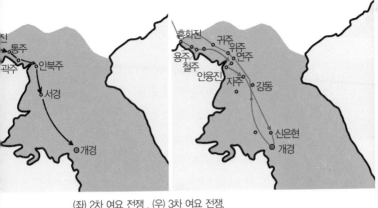

(좌) 2차 여요 전쟁 . (우) 3차 여요 전쟁.

도)에 이르렀는데, 경성(개성)과의 거리가 100리(약
40km)에 불과하였다. 왕이 성 밖의 민호를 거두어
안쪽으로 들인 후 들판을 비워놓고 적군을 기다리
도록 명하였다. 소손녕(소배압의 오기)은 야율호덕
을 보내어 서신을 가지고 통덕문으로 가서 군사를
돌릴 것이라고 알리게 하고는 몰래 척후기병 300여
기를 금교역(金郊驛)으로 보냈다. 우리가 병사 100
명을 보내서 밤을 틈타 급습하여 이들을 죽였다.

《고려사절요》 현종 10년(1019) 1월 3일

왕의 다음 명에 따라 개성 밖의 백성들은 집과 논
밭을 태워 깨끗하게 비워둔 채 성 안으로 들어갔다.
소위 청야작전(淸野作戰, 성 밖의 논밭과 집을 불태
우는 등 전투에 필요한 물자를 없애고 성안에서 농
성하며 적을 물리치려는 전술)을 펼친 것이지. 이 경

우 적들은 전쟁에 필요한 물자를 얻을 수 없어 오래 버틸 수가 없게 되거든. 이는 적이 몸을 가볍게 하여 빠른 움직임을 보이는 대신 현지에서 약탈을 통해 물자를 얻고자 함을 파악하고 펼친 작전이었다.

상황이 이러하자 개성에 도착한 소배압의 군대는 자신의 의도와 달리 상황이 쉽지 않음을 깨달았다. 주변에 물자를 얻을 곳은 전혀 보이지 않고 국왕을 중심으로 고려인들이 수도의 성을 철저하게 지키고 있는 데다, 강감찬이 보낸 고려 원군이 이곳으로 점차 다가오고 있었으니 말이지. 빠른 타이밍에 성을 돌파하지 않으면 도리어 적진 안에 포위되어 무너질 수 있는 상황이 된 것이다.

이에 소배압은 꾀를 내어 군사를 돌리겠다는 편지를 개성으로 보낸다. 이와 동시에 300명의 기병을 개성 근처로 보냈는데, 사신의 편지를 받은 후 개성이 안심을 할 때 고려군이 예상치 못한 빠른 순간 급습하여 성문을 열고자 한 것이다. 그런데 이마저 현종은 적의 의도를 파악하고 야간에 100명의 정예병을 보내 성문 근처에서 급습할 타이밍을 노리던 요나라 300명을 적극 사살하였다.

소식을 들은 소배압은 더 이상 고려 왕이 지키는 성을 돌파하기 어렵다고 여겨 군대를 돌려 돌아가기로 한다. 원대한 원정 계획은 사실상 실패로 돌아갔고, 이제부터는 안전하게 본국으로의 복귀가 중요하게 된 것. 하지만 이들에게는 엄청난 고난이 기다리고 있었다. 어느덧 강감찬이 지휘하는 고려군이 요나라로 돌아가려는 소배압의 군대를 완전히 가로막았거든.

이처럼 현종은 중요 타이밍마다 필요한 계책을 적극 펼쳐 수도를 지키는 데 성공하였다. 무엇보다 과거의 실패를 이겨내고 얻은 성공이었기에 더욱 높은 평가를 받을 만한 일이 아닐까 싶군. 여기까지 따라가보니 만일 조선 시대에도 인조 대신 현종이 왕이었다면. 음. 전쟁 준비를 충실히 하여 청나라를 상대로도 좋은 성과를 얻지 않았을까, 하는 생각이 드네.

비슷한 상황, 다른 결과

어이쿠. 주변 등산객들의 분위기를 보아하니, 얼마 뒤면 수어장대에 도착할 듯하다. 이제 곧 수어장대에 도착한다는 말이 여기저기서 들려오기 시작했거든. 하하. 역시 눈치가 빠르면 슬쩍슬쩍 정보를 얻기 좋다니까. 군대 시절에도 남문부터 수어장대까지 온 기억이 있는데 당시에는 이 길을 이용했는지 아님 성벽을 따라 올라왔는지는 잘 기억나지 않는다. 꽤 오래 전 일이라. 어쨌든 거의 다 도착하여 생각해보니, 이번 길이 그다지 힘든 코스는 아니지만 길이 평탄한 대신 S자로 빙빙 도는 길이 많아서 남문으로부터 꽤 걸어온 느낌은 드네. 그럼 수어장대에 오르기 위하여 다리에 힘을 더 주면서 이야기를 이어가보자.

이번 3차 여요전쟁에서 고려가 요나라를 상대로 펼친 전략은 사실 병자호란이 발발하기 훨씬 전 인조에게 정충신이 알려준 계책이기도 했다. 마침 앞서 살펴본 역사 기록 중 해당 내용이 있었으니, 다시 한 번 읽어볼까?

지금 창성(昌城)·의주(義州)·안주(安州)의 제진(諸鎭)이 가장 요충지인데 이들 본진에 각각 병사를 거느려 굳게 지킬 계획을 세우도록 당부하고, 군진에 들어가는 군사에 있어서는 그 수의 다소에 따라 편의대로 방어하도록 하고, 대동강 주변은 가을 이후에 논과 밭을 깨끗하게 비워서 보급을 차단하게 하면 적이 오더라도 그 형세가 반드시 오래 머무르지 못할 것입니다.

이는 정충신이 이괄의 난을 제압한 직후 인조를 만나 북방에서 적이 올 경우 막을 방도를 알려준 장면이다. 한 마디로 보급에 필요한 물자 지원만 중간중간에 잘 끊는다면 적은 돌아간다는 의미. 이를 위해 1. 주요 길목마다 병사를 충분히 배치하고 적이 쳐들어오면 이들이 길목을 막아 본국으로부터 물자 지원을 끊는다. 2. 다음으로 청야작전(淸野作戰)을 펼치면 현지에서 약탈을 통해 물자를 얻으려는 계획마저 실패로 돌아가게 할 수 있다. 3. 그러면 적은 오래 버티지 못하고 다시 돌아갈 수밖에 없다, 라는 계책이었지.

하지만 인조는 국경의 능력 있는 장수들 아래에 군사를 배치하는 것을 두려워하여 중앙군을 지원하는 데만 집중하였고 덕분에 전쟁이 터지자 청나라 군사들은 한양까지 거침없이 달려올 수 있었다. 게다가 주요 길목을 방어하는 조선군의 경우 성을 지키는 것 외에는 병력이 부족하여 청나라 군대가 성을 피해서 움직여도 적극적으로 견제할 방법이 마땅치 않았지. 따라서 고려의 경우 강감찬이 충분한 대군을 거느린 만큼 성을 우회하여 진격하던 적을 과감히 공격하여 초반부터 큰 피해를 입힐 수 있던 것과 다른 결과를 보여주고 말았다. 별다른 피해 없이 청나라 군대는 왕이 피난을 떠난 한양을 빠르게 장악했으니까.

이날 소와 술을 청나라 진영에 보내려 하는데 대신이 들어와 청하기를,

"대신을 보내었다가 감금되면 도리어 나라의 체면이 손상될 것이니, 이기남을 보내는 것이 어떻겠습니까?"

하니, 상이 따랐다. 대사간 김반과 승지 최연은 사람을 보내지 말기를 청하였고, 교리 윤집은 상소하여 논의를 수도한 자를 목 베기를 청하였으나, 상이 모두 따르지 않고, 이기남으로 하여금 소 두 마리, 돼지 세 마리, 술 열 병을 가지고 가게 하였다. 청나라 장수가 이를 받지 않으며 말하기를,

"하늘께서 우리에게 동방을 주셨으니, 팔도의 술과 고기 등 모든 물건은 우리가 마음대로 할 수 있다. 국왕이 현재 골짜기에 숨어 있고 내외가 통하지 않아서, 신하들이 모두 굶주릴 것인데, 이것을 어디에서 얻었는지 모르겠다. 너는 가지고 가서 굶주린 신하와 백성들에게 나누어 주라."

하고, 또 말하기를,

"원병이 어느 곳에 도착했기에 우리가 3000 군사로 모조리 죽였고, 또 다른 곳에서 2000 병사를 보내 모두 죽였다. 황제가 이미 나온 것을 너희 나라는 듣지 못하였는가?"

하니, 이기남이 말 한마디 제대로 못하고 돌아왔다."

《조선왕조실록》 인조 14년(1636) 12월 27일

한편 병자호란이 터진 후 인조를 포함한 조선 신료들은 한양을 떠나 남한산성에서 포위된 채 있다 보니, 바깥소식이 궁금했던 모양이다. 이에 새해가 다가오는 만큼 인사를 한다는 명목으로 적 진영에 사신을 보냈는데, 이때 이항복의 서자였던 이기남이 선택되어 소와 돼지, 그리고 술을 지니고 청나라 진영으로 갔다. 참고로 이항복은 대중에게도 잘 알려진 오성과 한음 중 오성에 해당하며 한음 이덕형과 함께 임진왜란 때 큰 공을 세웠다. 특히 자신의 아들인 이기남이 서자임에도 불구하고 남달리 그 재주를 인정했다고 하는군.

헌데 이기남이 청나라 진영에 도착하자 청나라 장수가 비아냥거리며 다음과 같이 말하는 것이 아닌가?

"이미 조선 팔도의 술과 고기는 우리 것인데, 도로 가져가 굶주린 너희나 먹어라"

청나라 군대는 몸을 가볍게 하여 빠른 이동을 한 대신 부족한 물자는 이미 현지에서 조달하는 방식으로 충당하고 있던 것. 실제로도 당시 한반도에서 가장 물자가 풍부하게 보관되어 있던 한양을 완벽하게 장악했으니 팔도의 물건이 우리 것이라 충분히 자부할 만했지. 결국 정충신이 조언한 1. 주요 길목마다 병사를 충분히 배치하고 적이 쳐들어오면 길목을 막아 본국으로부터 물자 지원을 끊는다. 2. 청야작전(清野作戰)을 펼쳐 현지에서 약탈을 통해 물자를 얻으려는 계획을 막는다, 라는 두 가지 계책 모두 아예 실현조차 하지 못한 채 완벽한 실패로 돌아가고 말았다. 도리어 수도마저 지키지 못하면서 수도의 물자가 그대로 청나라 것이 된 상황이었으니 어처구니가 없네.

이처럼 요나라, 청나라 모두 마치 짠 것처럼 한반도의 수도를 빠르게 장악하여 왕의 항복을 받는다는 작전을 펼쳤다. 하지만 고려는 비슷한 상황에서도 현종의 타이밍에 맞는 전략과 결단력으로 잠시 불리해진 상황마저 유리한 분위기로 반전시킨 반면 조선은 인조의 남다른 무능으로 인해 전략 자체부터 선보이지 못한 채 남한산성에 포위된 운명이 된다. 두 시대가 보여준 차이를 살펴보니, 왜 리더가 중요한 것인지 뼈저리게 다가온다. 리더의 무능은 국가의 무능으로 다가오니까. 반대로 리더의 유능은 국가의 유능으로 다가오지.

자~ 드디어 수어장대 도착. 오랜만에 만나는 수어장대로구나. 하하. 남한산성에서 가장 높은 정상을 정복해서 그런지 만족스러운 기분이 드는걸.

7
수어장대에서
서문까지

수어장대와 왕들의 추억

497m 높이의 청량산 위에 돌 기단을 만든 후 2층 누각으로 세워진 수어장대. 가만히 서서 건물 가운데 큼직하게 '守禦將臺'라는 글씨가 새겨진 현판을 감상한다. 참으로 글씨가 시원시원한 느낌이네. 해당 현판에는 낙관으로 세병신계하하한(歲丙申季夏下澣)이 작게 옆으로 새겨져 있는데, 이는 병신년 즉 1836년, 계하 즉 음력 6월, 하한 즉 하순에 현판이 만들어졌다는 의미다. 다 합치면 1836년 음력 6월 하순에 현판을 제작했다고 볼 수 있겠군. 이 시기는 조선 헌종 2년에 해당하며 헌종은 다름 아닌 정조의 증손자였다.

가만. 이곳으로 오기 전 남한산성 행궁에서 수어장대를 잠깐 언급하던 중 본래 단층 건물이었으나, 영조 시절에 비로소 2층 누각으로 새로 지어졌다고 이야기했었지. 더 정확히는 영조 27년인 1751년에 2층 누각이 되었거든. 그런데 현판은 그보다 훨씬 뒤인 1836년에 만들어졌네? 이는 수어장대가 시간의 흐름에 따라 새로 만들어지거나 수리된 경우가 잦

(위) 수어장대. (아래) 수어장대 현판. ©Park Jongmoo

아 생긴 일이다. 즉 1836년 들어와 다시 한 번 건물을 크게 수리하는 과정에서 현판 역시 새로 만들어진 모양. 다만 현재 걸려있는 '수어장대' 현판은 근래 원본을 본떠 만든 것으로 1836년에 조성한 '수어장대' 현판은 상자에 담아져 현재 수어장대의 2층 누각에 보관하고 있다. 앞으로 남한산성 역사 문화관이 완성되면 그곳으로 옮겨 전시될 예정. 아까 남문으로 오다보니 근처에 꽤 큰 규모로 문화관을 건설 중이더군.

한편 이곳 수어장대가 단층 건물이던 시절에는 서장대라 불렀는데, 이는 남한산성 서쪽에 위치한 장대(將臺)를 뜻한다. 아 맞다. 장대는 지휘관이 올라가서 명령하는 장소라는 의미를 가지고 있지. 즉 서장대란 서쪽에 위치한 지휘관이 명령하는 장소라고 해석할 수 있겠군. 그러다 시간이 지나 조선시대 남한산성에 위치하던 군부대인 수어청(守禦廳)을 지휘하는 장소라 하여 수어장대라는 이름으로 변경되기에 이른다. 현재의 수어장대라는 명칭은 이런 과정을 통해 등장하게 된 것.

임금이 저녁에 남한산성에 이르러 수레를 타고 서장대(西將臺, 지금의 수어장대)에 올랐는데, 승지(承旨)·사관(史官)·옥당(玉堂) 등의 측근 신하들

수어장대 내부. ©Park Jongmoo

만 따르게 하였다. 임금이 말하기를,

"내가 오늘 이곳에 와서 지나간 일을 추억하니, 저절로 서글픈 감회가 일어난다."

하고, 형세를 두루 살펴보고 하교(下敎)하기를,

"남한산성은 군량이 부족한 것이 결점이나, 지세(地勢)만은 참으로 험하구나."

《조선왕조실록》 숙종 14년(1688) 2월 29일

무엇보다 수어장대가 시간이 지나면서 점차 웅장한 형태를 띤 2층 누각이 된 이유는 남한산성에 피난 중이던 인조를 시작으로 그를 조상으로 둔 여러 조선 왕들이 방문한 장소였기 때문이다. 이때 숙종을 필두로 영조, 정조, 철종, 고종 등 인조의 후손들은 남한산성을 찾으면 반드시 수어장대에 올라 과거의 아픈 역사를 기억하고 인조가 경험한 굴욕에 대해 안타까움을 토로했거든. 위의 기록 역시 그 모습 중 하나라 하겠다. 그러다 영조가 서장대를 다녀간 것을 기념하고자 새롭게 이곳을 정비하면서 비로소 2층 누각이 만들어졌으니.

남한산성(南漢山城)의 서장대(西將臺)는 곧 지나간 해에 올라갔던 곳인데, 그 후 각(閣)을 세웠으니, 어찌 이것뿐이겠는가? 빛나게 의리를 드러낸 것도 또한 이곳이다. 지나간 해에 올라갔던 북한산성의 단(壇)을 어제 방문하였으니, 나의 마음에 감회가 일어나는 것을 어찌하겠는가? 경리청(經理廳, 북한산성을 관리하는 관청)으로 하여금 높게 하는 데 힘쓰지 말고 각(閣)을 세우게 하라.

《조선왕조실록》 영조 48년(1772) 4월 11일

위 기록은 영조가 과거 자신이 남한산성 서장대를 방문한 기념으로 누각을 세운 것을 언급하며 북한산성 역시 자신이 방문한 장소에다 누각을 세울 것을 지시하는 상황이지. 이렇듯 수어장대는 사실

수어장대 전망. ©Park Jongmoo

상 후기 조선 왕들의 공통된 조상인 인조의 고난을 함께 체험하는 장소가 된 것.

　다만 안타깝게도 현재는 이곳 수어장대에 올라도 울창한 나무 덕분에 주변 경치를 제대로 볼 수 없구나. 본래 장대는 군대를 지휘하기 위해 전망이 좋은 높은 장소에 세우건만, 이래서는 장대로서의 의미는 이미 퇴색된 듯싶네. 아무래도 이곳이 현재 들어와 군사적 요충지로서 의미보다 관광지로서의 의미가 부각되면서 생겨난 현상이 아닐까 싶군.

　사실 나의 군대 시절을 추억하면 산에 있는 부대라 그런지 매여름마다 나무줄기를 자르는 것이 중요한 일과였거든. 무성하게 자란 나무가 주변 조망을 막는다고 해서 말이지. 이에 잘려나간 나무줄기만큼 조망이 열리면서 부대에서 주변을 확인하고 대처하는 것이 편해졌던 것이 기억난다. 이와 유사하게 조선 시대만 하더라도 수어장대 주변에 위치한 나무들을 군인들이 매여름마다 열심히 자르며 이곳에서 주변 조망이 펼쳐 보이도록 하지 않았을까? 아님 땔감으로 사용되다보니, 나무 숫자가 지금보다 훨씬 적었던지 말이지.

생각이 여기까지 이르자 갑자기 나무를 자르는 군인들이 눈앞에 그려지는걸. 과거 내가 했었던 일이라 그런지 상상이 잘 되네.

수어장대 옆 사당

수어장대 옆에는 사당이 하나 존재한다. 이름은 청량당(淸凉堂)으로 1950년대 이전만 하더라도 이곳을 중심으로 매년 엄숙한 형식의 굿이 치러졌다고 전한다. 안타깝게도 구체적인 기록이 부족하여 현재는 전반적인 행사 모습을 알 수 없으나 그나마 남아 있는 증언에 따르면 굿이 끝나면 산성 내 주민들이 함께 성을 한 바퀴 돌았다고 하는군. 아무래도 굿을 통해 수민과 성을 하나로 연결시켰던 모양.

이렇듯 과거 무속 신앙이 강한 시절에는 여러 마을마다 굿을 지내는 장소가 존재했으니 이곳에서 때마다 마을의 안정과 동질감을 형성하기 위한 행사가 개최되었다. 즉 청량당은 남한산성과 이곳 마을을 위한 신(神)이 모셔진 장소라 하겠다. 그러다 1996년 이후부터 매년 10월마다 남한산성 문화재를 개최하면서 남한산성 도당굿이라는 명칭으로 복원된 굿을 이어가는 중.

그렇다면 청량당에 모셔진 신은 누구일까? 관련 이야기는 다음과 같다.

1623년 반정으로 임금에 오른 인조는 이괄의 난과 북방 여진족의 위협으로 인해 도성 근처에 안전한 피신처의 필요성을 느꼈다. 이에 인조는 성을 쌓기 위해 이서를 총책임자로 임명하는데, 이때 이서는 북쪽 성은 벽암대사에게 남쪽 성은 이회에게 나누어 성을 쌓게 했다. 시간이 흘러 벽암대사는 전국 팔도에서 모인 스님들을 독려하며 서북쪽의 성을 기한 내에 완성했지만, 이회가 맡은 동남쪽은 지세가 험해 성 쌓기가 늦어졌고, 경비 부족으로 어려움을 겪고 있을 때 공사비를 탕진했다는 누명을 썼다.

이서는 맡은 부분을 완성하진 못한 이회를 수어장대 앞에서 참수형에 처하도록 했다. 이회는 "내가 죄가 없다면 기이한 일이 일어날 것이다." 라는 유언을 남겼는데, 이회 장군의 목을 베자 매 한 마리가 날아와 이회의 시체를 감싸 돌며 바위 위에 앉아 지켜보는 이들의 얼굴을 응시했다. 사람들이 가까이 다가오자 멀리 날아가버렸는데 매가 앉았던 바위를 보니 매 발톱 자국이 선명히 남아 있었다.

한편 남편을 돕고자 모금을 떠났던 부인들은 돈과 쌀을 배에 싣고 송파나루에 도착했는데 이회 장군의 비보를 듣게 된다. 부인들은 통곡하며 모금한 쌀을 강물에 뿌리고 물속으로 몸을 던졌다. 그 후

청량당. ©Park Jongmoo

수어장대 앞에서는 밤마다 여인의 통곡 소리가 그치지 않고 이상하게도 쌀가마니가 빠진 곳에는 뿌연 쌀뜨물이 흘러나오기도 했다. 백성들 사이에서 억울하게 죽음을 맞은 이회 장군과 부인들의 이야기가 떠돌자 이서는 수어장대 옆에 사당을 짓고 무당을 불러 영혼을 위로해주었다. 그 이후에는 여인의 통곡 소리가 들리지 않았다고 한다.

이후 사람들은 매가 앉았던 바위를 '매바위'라 부르고, 이 바위를 신성시하기 시작했다. 원래 이 매바위에는 실제로 매 발자국이 선명하게 남아 있었다고 하는데, 일제 강점기에 어떤 일본인 관리가

매 발자국이 찍힌 부분을 도려내어 떼어 갔다고 한
다.

이는 경기도남한산성세계유산센터 및 문화재 관
련 여러 사이트 등에 등장하는 설화로 해당 이야기에
따르면 사당에 모신 신은 다름 아닌 성 축조의 책임
자 중 하나였던 이회라는 인물이다. 어찌 보면 산성
축조를 하며 벌어진 고생과 고난을 상징하는 인물이
라 하겠다. 산성 축조를 위해 남다른 노력을 하였으
나 누명으로 억울한 죽음을 맞이했으니 말이지.

다만 흥미로운 점은 남한산성을 축조하는 데 힘
을 쓴 인물들이 기록으로 전해지고 있으나, 이 중 이
회라는 이름은 보이지 않는다는 사실. 하물며 성을
쌓는 일을 지휘, 감독한 사람 중 별장(別將) 지위에
있던 인물의 이름마저 소상히 남아있건만 어디에도
이회는 등장하지 않거든. 이는 곧 그가 가공의 인물
일 가능성이 높다는 의미.

반면 위 이야기 속에 등장하는 남한산성 축조의
총책임자였던 이서, 남한산성 축조에 큰 공을 세운
벽암대사는 역사 기록에 등장하는 실존 인물이다.
우선 이서는 앞서 설명한 적이 있지만 인조반정 때
큰 역할을 한 인물로 인조의 무한 지지 속에 남한산
성 축조 및 중앙군 개편 등에서 큰 활약을 했지. 다

음으로 벽암대사의 경우 임진왜란 때 승병으로 활약한 데다 인조로부터 팔도도총섭(八道都摠攝)이라는 벼슬에 임명된 후 전국 팔도에서 승군(僧軍)을 모아 남한산성을 축성하였다. 그리고 성 안에 여러 사찰까지 창건하여 많은 승려들이 성 안에서 지낼 수 있도록 하였다. 이는 남한산성 축조 및 유지, 운영에 있어 승려들의 힘이 필요했기 때문. 정부 입장에서는 언제나 쉽게 동원할 수 있는 성 보수 인력이라 할 수 있으려나?

그렇다면 어떤 과정을 통해 이회가 마치 실존 인물처럼 알려지게 된 것일까? 이에 대해 학자들이 추적해본 결과 1956년 출판된 《남한비사(南漢秘史)》라는 책 중 "매바위"라는 제목의 글에서 이회라는 이름이 처음 등장했다고 전한다. 생각보다 오래된 연원이 아닌지라 놀라운걸. 아무래도 본래 남한산성에 전해져 오던 설화가 있었는데, 일제 강점기와 6.25를 거치면서 구체적인 이유는 모르겠지만 이회를 주인공으로 삼았던 모양.

실제로도 이보다 이전인 1932년 기록에는 또 다른 이름이 등장하거든. 경성제국대학의 일본인 교수가 집필한 《남한산성의 축성과 전설(南漢山城の築城と傳說)》에는 위와 유사한 틀의 이야기가 등장하되 이회 대신 이인고(李寅皐)라는 이름이 주인공

으로 기록되어 있다. 즉 이인고가 성을 쌓는 일이 잘못되어 억울한 죽음을 맞이했다는 내용.

다만 이인고는 19세기인 1802년에서 1864년까지 생존하면서 예조판서까지 역임한 인물이기에 활동 시기가 17세기인 인조 시절과 상관없다. 그럼에도 불구하고 한때 이인고가 설화의 주인공으로 등장한 이유는 수어장대에서 남한산성 서문으로 가는 길에 위치한 병풍바위와 연결된다. 병풍바위에는 병암(屏岩)이라는 글이 새겨져 있는데, 마침 옆에 이민하 십세기미서(李民夏十歲己未書)가 작게 새겨져 있어 이민하라는 인물이 10세 되는 해인 기미년, 즉 1859년에 새겨졌음을 알 수 있다. 뿐만 아니라 이민하의 부친 이인설(李寅卨)과 큰 아버지 이인고(李寅皐), 그리고 자신의 이름인 민하(民夏)를 병암이라는 글 옆에 크게 새겨두었지. 덕분에 시일이 지나자 바위 주변을 지나는 사람들에 의해 이인고라는 이름이 주목되면서 어느 순간부터 설화의 주인공으로 인식된 모양. 즉 이인고 이름이 설화에 등장한 시점은 가장 이른 시점이라 할지라도 19세기 후반이 아닐까 싶군.

또한 일제 강점기 시절인 1937년에 출판된《조선무속의 연구(朝鮮巫俗の硏究)》"에는 다음과 같은 이야기가 기록되어 있는데,

병풍 바위. ©Hwang Yoon

    옛날 남한산성을 축조할 때에 공사의 지휘 감독
을 맡았던 홍대감이 평소 청렴결백했음에도 불구하
고 공사 비용을 횡령했다는 중상모략으로 마침내
사형에 처해지게 되었다. 목을 치는 사람이 그의 목
을 자르자 갑자기 한 마리의 매가 날개가 묶인 채
그의 목에서 나와 서쪽으로 날아가 버렸다. 그때 사
람들이 이것을 보고 이상하게 여겨 결국 홍대감이
욕심 없고 정직함을 증명하게 되었고, 그 매를 그의
영혼으로 믿고서 그를 매당왕신이라 칭하고, 사당

을 세워 이를 제사지냈다. 남한산성 위의 화주당(化主堂)이 그것이며, 그의 처 산활부인(山活夫人)도 이 남편의 사형을 애통해하며 뚝섬 교외 한강변의 저자도(渚子島)에서 자살했으므로 그곳에도 충렬화주당(忠烈化主堂)이 세워져 있다.

이 역시 이야기 구조는 비슷하나 벽암대사나 이서 같은 실제 역사 인물은 배제된 채 홍대감이 주인공으로 등장한다. 역시나 남한산성 건설 과정 중 억울한 문제가 생겨 죽음을 맞이하였다는 내용이지. 이렇듯 비슷한 이야기에 세부적인 내용만 조금씩 달리하며 전해지는 설화가 남한산성 주변으로 여럿 전해지고 있었던 것. 그렇다면 홍대감이 등장하는 이야기를 기반으로 살을 붙이며 설화를 더욱 역사적 사실처럼 다가오게 변형시키다보니 점차 이서, 벽암대사 등 실존 인물이 이야기에 등장하게 되었고, 주인공 역시 이인고 또는 이회 예를 보듯 홍대감보다 구체적인 이름을 부여한 것이 아니었을까? 마치 실존 인물처럼 느껴지도록 말이지.

그런데 지금까지 살펴본 3가지 설화, 즉 홍대감, 이인고, 이회가 주인공으로 등장하는 설화말고도 남한산성에는 또 다른 이야기가 하나 더 전해지고 있다.

민간에 이런 이야기가 전해진다. 백제 온조왕이 여기에 도읍을 열 때 한 장수에게 명하여 성을 쌓게 했다. 성이 완성된 뒤 참소를 믿고 그 장수를 주살하였다. 그 장수가 형벌을 받기 전에 "나는 죄 없이 죽으니 마땅히 기이한 일이 일어나 나의 억울함을 밝혀줄 것"이라고 했다. 형을 집행하자 과연 매 한 마리가 목에서 나와 두 고개 사이를 선회하다 장대로 와 앉았다. 그 일로 인해 장대 위에 사당을 세웠다.

《화암집(和菴集)》 신성하(申聖夏, 1666~1736)

그렇다. 위 내용이 다름 아닌 현재까지 남아 있는 남한산성 축조 설화 중 가장 오래된 기록이다. 이처럼 병자호란 수십 년 뒤의 시점만 하더라도 온조왕과 그의 장수 이야기로 전해지던 남한산성 설화가 존재했던 것. 이는 당시만 하더라도 남한산성을 백제 온조왕이 백제의 도읍지로 삼은 장소로 인식했기 때문이다. 뿐만 아니라 인조 시절 남한산성 축조에 대한 구체적인 기억을 공존하는 사람들이 여전히 남아있던 만큼 아직까지는 설화를 인조 시절을 배경으로 변화시키기에는 이른 시점이기도 했고.

결국 온조왕과 그의 장수 이야기로 시작된 성 축

조 설화가 시일이 훌쩍 지나며 병자호란을 배경으로 하는 홍 대감 이야기로 변형되었고, 이를 더욱 구체적인 역사 사실처럼 꾸미면서 점차 이인고 또는 이회가 주인공으로 등장하게 된 것이다. 여기까지 남한산성 축조 설화의 변화 모습을 쭉 따라가보았다. 이렇듯 이곳에서도 설화가 역사적 사실처럼 인식되는 순간을 접하는구나.

가만, 21세기 들어와 드라마나 영화의 사극을 보다보면 실제 역사에 가상 인물을 주인공으로 삼아 스토리를 진행하는 것이 점차 많아지고 있는데, 200~300년 뒤 사람들은 이렇게 들어간 가상 인물을 혹시 진짜 역사로 인식할지도 모르겠네. 마치 이곳 청량당 옆에 표지판으로 이회 일화가 상세히 설명되고 있어 이곳을 방문한 사람들이 실제 역사로 인식하는 것처럼 말이지.

식량 부족과 온조왕 이야기

이제 슬슬 수어장대를 내려가 서문을 향해 걸어
간다. 날이 점차 어두워지는 것을 보니, 오랜만에 야
경 구경할 좋은 기회가 온 듯. 사실 남한산성 최고의
백미는 서울 야경 구경이거든. 특히 서문에서 보는
일몰은 가히 일품이지.

야경하니까 또다시 군대 시절 추억이 생각나는
구나. 내가 있던 부서는 일출과 일몰마다 근무를 나
가 2시간씩 서서 경계를 서야 했다. 그러다보니 서
울과 성남, 하남 주변을 배경으로 한 일출과 일몰을
복무하는 2년 넘게 마음껏 경험할 수 있었는데, 자
연이 보여주는 아름다운 쇼에 매번 취하곤 했었지.
오죽하면 부서 내 제대하는 병사의 경우 군복무 마
지막 날 일부러 근무를 나가 일몰을 구경하는 문화
가 있었을 정도. 마지막으로 멋진 야경을 눈과 마음
에 담고 민간인으로 돌아간다는 그런 뜻깊은 의미
라 할까? 하하. 물론 나 역시 마지막 야경을 보고 제
대했다. 그때 바라본 야경이 지금도 마음 한편으로
그립구나. 다만 그 광경을 다시 보고 싶다는 이유로

제대한 사람이 보안이 생명인 부대를 들어갈 수 없는 노릇이니 그나마 유사한 뷰를 보여주는 서문으로 갈 수밖에.

한편 병자호란 때 인조와 함께 남한산성에 들어온 관료, 군인, 백성 역시 이곳에서 야경을 보고 있었다. 그때는 전기가 있던 시절이 아니니 지금과 달리 칠흑 같은 암흑 속에서 청나라 군대가 위치한 장소만 불빛으로 가득하지 않았을까? 남한산성 근처인 탄천에 자리 잡은 청나라 본군을 포함하여 남한산성 주변을 완전히 에워싸고 있는 청나라 진영이 바로 그것이다.

당연하게도 지금 내가 구경하려는 야경과는 다른 느낌으로 다가왔겠지. 남한산성에 있던 조선 사람들에게는 청나라 부대에서 보여주는 불빛 자체부터 공포였을 텐데, 날이 갈수록 그 규모마저 커지고 있었거든. 이는 곧 청나라 병력 숫자가 계속 늘어난다는 의미였으니까. 게다가 이때 청나라 황제 홍타이지는 자신의 군세를 30만이라 허풍을 보이면서 대놓고 남한산성 동쪽의 높은 봉우리에 직접 올라 성 안을 내려다보기까지 하였다. 황제를 상징하는 황색 일산을 당당히 펴고 말이지. 이로서 한반도에서 그 누구도 자신에게 위해를 가할 수 없음을 자신만만하게 보인 것이다. 이후 홍타이지는 잠실 쪽으

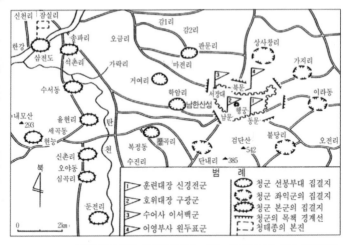

남한산성 주변을 완전히 에워싸고 있는 청나라 군대. 그림 《병자호란사》, 171쪽. 국방부전사편집위원회.

로 옮겨 전체 전쟁 상황을 관리하였다.

영의정 김류가 아뢰기를,

"적의 군사는 배가 부르고 말은 날렵한데, 우리 군사는 날마다 더욱 피폐해지기만 하니, 이런 상태로 저들을 대적한다는 것이 어찌 어렵지 않겠습니까."

하였다. 상이 관향사(管餉使, 군량 담당관) 나만갑을 불러 이르기를,

"이미 방출한 군량은 얼마이고 남아 있는 군량

은 얼마인가?"

하니, 대답하기를,

"원래의 수효는 6000여 석(石)이었는데, 현재는 2800여 석이 남았습니다."

하였다. 나만갑이 군량으로 인하여 날을 헛되이 보내며 지구전을 벌여서는 안 된다는 뜻을 진달하니, 상이 이르기를,

"관향(管餉, 식량)의 책임을 맡은 자는 이런 마음을 내지 말고 언제나 지구전을 벌일 수 있는 계책을 강구해야 할 것이다."

하였다.

《조선왕조실록》 인조 15년(1637) 1월 8일

남한산성에 포위된 채 지내는 중 청나라 황제까지 근처에 도착하여 움직임을 보이자 인조는 신하들과 위급한 사태를 해결하기 위해 이런 저런 토론을 하였다. 하지만 왕을 구하기 위해 여러 지방에서 모집한 조선의 구원병은 이곳으로 오다 청나라 군대에게 족족 깨졌으며 성 내 식량까지 부족하여 버티기 힘든 상황이 이어졌다. 오죽하면 성 안에서도 이대로는 지구전이 힘들다는 의견이 나왔을 정도.

사실 전쟁 초기부터 남한산성에는 성안 사람들이 아무리 아껴 먹더라도 두 달을 넘길 수 없을 정도

로 보관된 식량이 부족한 상황이었다. 이렇듯 버틸 수 있는 시간이 분명했기에 적에게 포위된 상황에서 성 내부 사람들은 시간이 지날수록 초초함이 커져갈 수밖에 없었지. 조선군은 청나라 군대 및 겨울 추위뿐만 아니라 배고픔과도 싸워야 했거든.

> 나만갑을 관향사(管餉使, 군의 식량을 관리하는 관직)로 임명하였는데, 창고의 곡식은 다만 1만 6000여 섬이 있어 1만여 군사의 한 달 동안의 양식에 불과하였다. 이서가 일찍이 수어사가 되었을 때 군량을 많이 쌓았으나, 병으로 체직된 뒤에 광주 목사 한명욱이 산성에 군량을 운반해 들여보내는 것이 민폐가 된다고 하여, 갑사창(甲士倉)을 강가에 짓고 군량을 모두 이 창고에 두었는데, 이때 이르러 모두 적에게 점거당하였다.
>
> 《병자록(丙子錄)》 나만갑

만일을 위해 인조가 나름 열과 성의를 다해 구축한 남한산성임에도 식량이 부족하게 준비되어있던 이유도 황당하다. 한명욱(韓明勗, 1567~1652)이 병자호란이 일어나기 직전인 1635년 경기방어사 겸 광주목사로 근무할 때 백성들의 노고를 덜어준다며 식량 창고를 한강 주변에 세웠다가 병자호란이 발발하자 창고가 청나라 군대에게 점령당하였기 때문. 즉 성 안에 식량을 보관한 것이 아니라 성 바깥에 두다 이 같은 사단이 난 것이다. 힘써 모은 식량을 적이 모두 가져가버렸으니 말이지.

물론 이 일을 단순히 한명욱의 책임으로 보기 어려운 것이 다름 아닌 조선 시대 식량과 경제 전반의 정책을 담당하던 호조에서 평시에는 한양에 곡식 공급, 전시에는 산성의 군량으로 사용하기 위해 강 근처에 창고를 만들자는 제안을 먼저 했기 때문. 이를 인조가 허락하면서 해당 명에 따라 당시 광주 목사였던 한명욱은 마침 타이밍까지 딱 맞추어 병자호란이 터지기 바로 전 해에 강가에다 식량 창고를 만들었지. 하지만 병자호란이 벌어지고 산성으로 들어온 사람들은 이곳 식량이 부족해짐에 따라 하루가 다르게 원망이 높아졌고 결과적으로 얼마 전 강가에 창고를 만든 한명욱에게 그 분노를 표출했던 것이다. 위 병자록 기록이 바로 그 흔적이라 하겠다.

이 또한 인조가 서북방 국경의 방어를 제대로 준비하지 않아 적이 생각보다 훨씬 빠르게 수도 한양을 점령하며 생긴 일이라 하겠다. 왕조차 시간 차로 겨우겨우 한양을 벗어나 남한산성으로 들어온 판국에 강가에 위치하던 무거운 식량을 옮길 겨를이 과연 있었겠는가?

　　예조가 아뢰기를

　　"일전에 온조왕(溫祚王)에게 기도를 행하였으나
엉겁결이라 군색하게 하였으므로 사람들이 모두 미
진하게 여기고 있습니다. 그래서 따로 제사를 위한
술을 빚었는데 지금 이미 익어가고 있다고 하니, 일
관(日官)에게 날짜를 택일하게 하여 다시 중신을 보
내 경건하게 제사를 지내도록 하소서. 그리고 삼가
생각건대, 사람이 궁지에 몰리면 근본으로 돌아가
고, 병이 들어 아프면 반드시 부모를 부르는 법입니
다. 숭은전(崇恩殿)의 어진(御眞)을 지금 마침 성 안
의 사찰에 봉안하였으니 상께서 친히 제사 지내 신
령의 가호를 빌거나, 혹은 대신을 보내 제사를 지내
는 것이 마땅할 듯합니다. 감히 이렇게 아울러 여쭙
니다."

　　하니, 상(上, 인조)이 전교하기를

　　"아뢴 대로 하라. 숭은전에는 내가 친히 제사 지
내겠다."

　　하였다.

《승정원일기》 인조 15년(1637) 1월 8일

왕과 신하가 아무리 토론을 해도 현 상황을 타개

할 방법이 없자, 신과 조상에게 제사를 지내보자는 방안을 예조(禮曹)에서 올렸다. 즉 조선 시대만 하더라도 남한산성을 도읍지로 삼았다고 널리 알려진 백제 온조왕에게 제사를 지내 도와달라 청하고 숭은전의 어진, 즉 남한산성 사찰로 옮겨온 인조의 아버지 초상화에도 제사를 지내어 도와달라 청하기로 한 것. 마치 마지막 코너에 몰리자 절이나 교회로 가서 지극 정성으로 기도드리는 것과 유사한 상황이 연출된 모양이다. 한 줄기 희망도 보이지 않던 당시 조선의 모습을 가장 잘 보여주는 장면이 아닐까 싶군.

헌데 이때 백제 온조왕에게 인조가 제사를 지낸 것 덕분에 숭렬전이라는 사당이 이후 남한산성 내에 자리 잡게 되었으니, 참으로 재미있네. 게다가 인연을 더욱 깊게 만들기 위함인지 온조왕과 인조를 연결하는 구체적 이야기마저 등장하였으니,

임금(정조)이 남한산성에 있었다. 서장대(西將臺, 수어장대)에 나아가 군사 훈련을 행하였는데, 대신(大臣)과 수어사(守禦使)에게 명하여 임금을 만나도록 하였다. 임금이 말하기를,

"선대왕(先大王, 영조) 경술년(1730)에 오셨을 때에 이 대(臺)에 들르셨고 오늘 내가 또 여기에 왔는데 산천이 옛날과 다름없어 사물에 접하면 감회

숭렬전 ©Park Jongmoo

를 일으키니, 내 마음이 더욱 절실하게 슬프고 사모
하게 된다. 병자년에 적병이 밤을 타서 널빤지를 지
고 성에 오르는 것을 아군이 발각하고 끓인 물을 부
으니 모두 문드러져 물러갔다 하는데, 이곳이 바로
그곳인가?'

하매, 영의정 김상철이 말하기를,

"그렇습니다. 그때 인조대왕께서 꿈에 온조왕이
와서 적병이 성에 오른다고 알리는 것을 보셨습니
다. 인조께서 놀라 깨어 곧 명하여 정탐하게 하셨더
니 과연 그 말과 같아서 장군과 병사를 시켜 격퇴하
게 하셨는데 죽이거나 포로로 잡은 이가 매우 많았

으므로, 한양으로 돌아간 날에 특별히 명하여 온조
사당(溫祚廟)을 세워 봄·가을로 제사하게 하셨으
니, 일이 매우 신령스럽습니다."

《조선왕조실록》 정조 3년(1779) 8월 9일

그렇다. 후대 조선 왕들에게도 인조가 남한산성
에 머무는 동안 백제 온조왕에게 제사를 지냈다는
것이 중요한 일화로 전해졌다. 오죽하면 해당 일화
중에는 인조의 꿈에 온조왕이 등장하여 적병이 온
다는 것을 알려 방어에 성공했다는 이야기까지 있
었지. 그래서일까? 정조는 남한산성에 위치한 온조
왕의 사당에 특별히 숭렬전(崇烈殿)이라는 이름을
내렸다. 온조왕 위패가 모셔진 장소에 각별한 예를
표시한 것. 물론 이러한 모습은 비단 정조뿐만 아니
라 인조의 후손인 숙종, 영조, 숙조, 고종 등도 마찬
가지였지. 조선 후기 왕들은 인조와 남다른 인연이
생긴 온조왕을 높이며 그의 사당에 특별한 관심을
두었거든.

게다가 성에 남아있는 전설 같은 이야기에 따르
면 정조의 꿈에 온조왕이 나타나 그의 인품을 칭찬
하면서 "혼자 있기가 쓸쓸하니 죽은 사람 중에서 명
망 있는 신하를 같이 있게 해달라"고 청했다는군.
이에 정조는 인조의 쿠데타를 함께 한데다 남한산

성을 축조하는 데 공이 있던 이서의 위패를 이곳에 함께 모시도록 명했다고 전한다. 하지만 이 역시 후대에 창작된 설화로 여겨진다.

> 온왕묘(溫王廟, 온조왕의 사당)를 세워 이서를 배향(配享)하도록 명하였다.
>
> 《조선왕조실록》 인조 15년(1637) 1월 2일

> 이서는 일찍부터 이미 온조왕의 사당에 배향(配享)되었다.
>
> 《조선왕조실록》 숙종 14년(1688) 2월 26일

이서는 인조, 숙종 때부터 이미 백제 온조왕과 함께 위패가 배치되었으니까. 마침 그는 병자호란 때 남한산성까지 피난 온 상황에서 갑작스럽게 죽음을 맞이했거든. 이때 인조는 이서의 죽음을 슬퍼하며 통곡하였는데, 그 소리가 밖까지 들릴 정도로 컸다고 한다. 그만큼 인조가 믿고 아끼던 인물이었나보다. 결국 사람들의 입과 입으로 이어지며 오래 지속되는 설화는 실제 역사와 가공된 역사의 경계를 교묘하게 걸터앉아 있음을 보여준다. 가능한 실제 존재한 것처럼 느껴져야 그만큼 이야기의 수명이 오래 가기 때문.

숭렬전 옆 약수. ©Park Jongmoo

어쨌든 갈수록 침울한 상황에서 남한산성의 운명은 점차 최후를 향해 가고 있었다. 아참~ 맞다. 온조왕의 숭렬전은 남한산성 수어장대 아래쪽에 위치하고 있음. 수어장대에서 행궁으로 이동하는 길을 따라 내려가보면 만날 수 있는데, 숭렬전 옆에는 맛 좋은 약숫물이 있으니 혹시 관심 있으면 마셔보는 것은 어떨까? 아무래도 약숫물은 산이 주는 선물인지라. 음. 약숫물을 생각하니 갑자기 목이 마르네. 가방에 넣어둔 토마토 주스나 꺼내 마셔야겠다.

강감찬과 귀주대첩

서문을 향해 이동하다보니, 어느덧 산성과 등산로가 잘 결합된 멋진 경치가 아름답게 다가온다. 이것이 한동안 잊고있던 산성 등산의 매력이구나. 그래. 조금만 더 다리에 힘을 내면 일몰 전 서문에 도착할 수 있겠군. 마치 군대 시절 행군하듯 발걸음을 재촉하는 나. 물론 군대 시절 훈련과 달리 순수하게 나의 즐거움을 위하여 이동하는 만큼 절로 흥거운 기분이 든다. 룰루랄라.

아름다운 일몰을 기대하면서 다시금 기분이 좋아진 만큼 조선 인조와 달리 멋진 결과가 기다리고 있는 고려 현종 이야기로 넘어가볼까?

앞서 이야기했듯 소배압이 이끄는 요나라 군대는 병자호란 때 청나라처럼 오직 수도 점령을 위해 빠른 속도로 진격했으나, 조선 인조와 달리 오히려 그들을 기다린 것은 고려 현종의 철통같은 수도 방어였다. 어쩔 수 없이 회군을 택하며 한반도를 빠르게 탈출하는 것이 다음 목표가 된 요나라 병력. 하지만 그 앞을 강감찬이 당당하게 대군을 이끌고 막았으니, 이것이 그 유명한 귀주대첩이다. 한 마디로 한 쪽은 적의 탈출을 반드시 막고자 했고 다른 한쪽은 방어선을 반드시 뚫어야 하는 상황이 된 것. 이는 이순신이 전사한 것으로 유명한 노량해전에서 고국으로 돌아가려는 일본군을 조선 수군이 중간에서 막으며 벌어진 전투와 유사한 모습이라 하겠다. 당연히 두 세력 간 이루고자 하는 목적이 뚜렷한 만큼 매우 치열한 전투가 이어질 수밖에.

2월에 거란군이 귀주(龜州)를 통과하자 강감찬 등이 귀주성 동쪽 교외에서 맞아 싸우니, 양쪽 군사들이 서로 대치하며 승패를 결정짓지 못하였다. 김종현이 군사를 인솔해 그곳에 이르자, 갑자기 비바람이 남쪽에서 불어와서 깃발이 북쪽을 가리켰다. 아군이 그 기세를 타고 용기백배하여 격렬히 공격하니, 거란 군사들이 북으로 도망치기 시작하였다. 아군이 그들을 추격하여 석천(石川)을 건너 반령(盤嶺, 압록강)에 이르렀는데, 시체가 들을 덮었고 사로잡은 포로, 노획한 말과 낙타, 갑옷, 병장기를 다 셀 수 없을 지경이었다. 살아서 돌아간 자가 겨우 수천 명이었으니, 거란의 패배가 이토록 심한 적은 없었다. 거란의 왕이 패전 소식을 듣고 대노하여, 사자를 소손녕(소배압의 오기)에게 보내어 말하

강감찬.

강감찬의 귀주대첩 민족기록화. 1975년, 이용환, 전쟁기념관.

기를, "네가 적을 얕잡아보고 적국 깊이 들어가 이런 지경이 되었으니, 무슨 면목으로 나를 보려는가? 짐은 너의 얼굴 가죽을 벗기고, 그런 후에 죽일 것이다."라고 하였다.

《고려사》 열전 강감찬

그렇게 지금의 평안북도 구성시 일대에서 벌어진 귀주대첩은 고려 귀주성 동쪽에 위치한 넓은 평지를 배경으로 두 나라 군대가 격돌하며 시작되었다. 한동안 두 세력은 팽팽한 혈전을 이어갔는데, 어느 순간 균형추가 무너지는 일이 발생한다. 1만 명의 고려군을 이끌던 김종현이 전투가 한창일 때 요나라 병력 후방에 갑자기 등장했거든. 이때 김종현이 이끈 군대는 요나라 소배압이 개성으로 빠르게 진격할 때 수도 방어를 위해 강감찬이 급히 보낸 병력 중 일부였다. 이후로 김종현은 요나라 병력의 움직임을 계속 쫓다가 귀주에서 드디어 그 꼬리를 잡은 것이다.

이는 강감찬이나 소배압 모두 예상치 못한 일로 고려군에게 엄청난 이득을 가져왔다. 게다가 천운인지 갑자기 바람마저 고려군에게 유리하게 바뀌면서 김종현의 병력은 바뀐 바람을 타고 더 빠른 속도로 마치 대나무를 쪼개듯이 요나라 병력의 후방을 공격해 들어왔지. 그렇게 요나라 군대의 후방이 무너지자 강감찬이 이끄는 고려군과 전투를 벌이던 선두도 무너지기 시작했다. 전투 막바지에 이르러서는 고려군에 앞뒤로 포위되며 더 이상 버틸 수 없으니 요나라 병력은 살고자 뿔뿔이 흩어졌고 이를 고려군은 압록강까지 끈질기게 쫓아가 섬멸하였다. 덕분에 처음 쳐들어올 때만 해도 10만 명이나 되던 요나라 병력이 귀주대첩을 거치며 겨우 수천 명만 살아서 압록강을 건너가고 말았다. 한반도 전쟁사에 기리 남을 만한 대승이었다.

귀주대첩 후 고려의 외교

　　강감찬이 삼군(三軍)을 거느리고 개선하여 포로
와 노획물을 바치니, 왕은 친히 영파역(迎波驛, 황
해도 우봉)까지 나와 영접하였다. 비단을 누각에 묶
고 풍악을 준비하여 장군과 병사들을 위해 잔치를
열었고, 금으로 만든 꽃 8가지를 몸소 강감찬의 머
리에 꽂아주었다. 왕이 왼손으로 강감찬의 손을 잡
고 오른손으로는 술잔을 잡고서 위로와 감탄의 말
을 그치지 않으니, 강감찬은 감당할 수 없다며 사의
를 표하였다.

《고려사》 열전 제신(諸臣) 강감찬

　　강감찬을 검교태위 문하시랑 동내사문하평장사
천수현개국남 식읍300호(檢校太尉 門下侍郎 同內
史門下平章事 天水縣開國男 食邑三百戶)로 삼았
다.

《고려사절요》 현종 10년(1019) 11월

　　강감찬에게 문하시중(門下侍中, 정무를 담당하

는 관직 중 최고)을 더해주었다.

《고려사》 현종 21년(1030) 5월 19일

강감찬은 귀주대첩 승리 후 소위 국가적인 영웅이 되었다. 현종 역시 전쟁 승리 직후부터 재위 마지막 시점까지 그를 남다르게 대우하였지. 역사 이래 종종 볼 수 있던 높은 공을 세운 신하를 견제하고자한 여러 왕들과는 전혀 다른 행보라 하겠다. 게다가이번 전쟁 승리가 고려에게 남긴 의미는 남달랐으니, 귀주대첩에서 큰 패배를 당하면서 요나라는 고려에 대한 노골적인 압박 태도를 포기하고 말았거든. 요나라가 자랑하던 엘리트 병력 10만 명이 강감찬에 의해 녹아내리듯 사라졌기에 복수를 하고 싶어도 방법이 없었던 모양.

이로써 동아시아는 고려, 요나라, 송나라 삼국이전쟁처럼 큰 갈등을 표출하지 않은 채 서로 간 견제, 협력을 꾀하는 100여 년 간의 평화 시대가 열렸다. 이 시기가 다름 아닌 고려 역사상 최고 전성기 시점이었다는 사실. 국내외적으로 고려가 가장 잘나가는 시대였으니까. 이처럼 고려 현종은 전쟁이라는큰 위기를 멋지게 극복해내면서 한반도에 승리한역사를 연 것이다. 물론 고려의 전성기 기간 동안 북방의 강대국을 상대로 승리했다는 고려 백성들의 자부심도 함께 이어갔겠지.

개태(開泰) 8년(1019) 8월에 낭군(郎君) 갈불려 등을 보내어 각 부(部)의 병사를 거느리고 대군(大軍)을 만나 함께 고려를 토벌하라고 하였다.

《요사》 권 115 열전45

다만 이 과정에서 요나라가 고려에 대한 공격 의도를 완전히 포기한 것은 결코 아니었다. 요나라 황제 성종은 3차 여요전쟁에서 패한 직후 군대를 다시 모아 고려를 공격하고자 했거든. 나름 천하를 통치한다는 황제로서 자존심에 큰 상처를 입었을 테니 말이지. 하지만 이런 분위기를 알았는지 고려는 외교를 통해 요나라를 달래는 방법을 사용하였다.

이작인이 황제에게 보내는 외교 문서를 받들고 거란에 가서 고려를 번국(藩國)이라 칭하며 공물 바치기를 예전처럼 할 것을 청하고, 또한 구속되어 있던 거란인 지라리를 돌려보낼 것을 알렸는데, 그는 억류된 지 무려 6년이었다.

《고려사》 현종 11년(1020) 2월

개태(開泰) 9년(1020)에 야율자충이 고려에서 돌

아왔다. 왕순(王詢, 고려 현종)이 항복하는 외교 문서를 진상하였으므로 왕순의 죄를 용서하였다.

《요사》 권 115 열전45

    고려와 요나라는 3차 여요전쟁이 끝난 뒤에도 서로 사신을 파견하며 대화를 계속 이어갔는데, 이때 고려는 나름 전쟁에서 큰 승리를 거두었음에도 불구하고 적당히 요나라를 인정해주는 외교 정책을 펼쳤다. 이를 위해 요나라는 황제가 다스리지만 고려는 그보다 아래인 제후가 다스리는 나라라 하여 자신을 낮추어 번국이라 칭했으며, 항복하는 외교 문서, 즉 요나라의 권위를 대충 인정하는 외교 문서를 보냄으로써 다시금 전쟁으로 번질 만한 갈등을 만들지 않기 위해 노력했다. 이는 요나라를 상대로 큰 승리를 거두었지만, 어쨌든 객관적인 국력에 있어 고려가 요나라보다 약했던 만큼 고민 끝에 선택한 실리적인 방안이었지.

    최제안을 거란(契丹)에 보내 황제의 생일을 하례하였다. 김맹은 송(宋)에 갔다.

《고려사》 현종 11년(1020)

    그러면서도 고려 현종은 송나라와의 교류를 꾸

준히 이어갔는데, 요나라가 송나라와 고려 간 교류를 싫어함을 알면서도 당당히 보여준 행동이라 하겠다. 이는 곧 고려가 외교적인 수사로는 요나라를 인정하는 태도를 보임에도 불구하고 실질적 국익을 위하여 독자적인 외교를 이어가겠다는 의미를 내포하고 있었지. 이처럼 고려 현종은 전쟁에서 승리한 자신감을 기반으로 요나라와 송나라 사이에서 고려의 외교적 이익을 최대한 얻고자 노력했다.

옛날에 외환(外患)이 있으면 이적(夷狄)으로 이적을 치는 것을 중국의 이로움으로 여겼습니다. 거란이 힘으로 굴복시키려고 하자 고려가 힘써 싸웠지만 후에 부득이하게 신하가 되었습니다. 거란은 그것이 본의가 아니라는 것을 알고 항상 힘써 제어하였지만 고려는 송나라에 귀순하려는 마음을 가지고 있었습니다. 송나라 조정에서 만약 고려를 얻는다면 거란이 움직이는 것을 기다릴 필요가 없이 도움을 구할 수 있습니다. 또한 신이 헤아리기에 거란은 고려가 후환이 될까 의심하여 끝내 모든 무리를 이끌고 감히 남하할 수 없을 것입니다.

《속자치통감장편續資治通鑑長編》 권 150 '부필의 하북 지역을 지키는 12가지 방책' 중

실제로도 여요 3차 전쟁에서 승리한 뒤로 송나라

의 고려에 대한 태도는 크게 달라졌거든. 요나라 견제를 위해 고려와의 협력이 중요하다는 의견에 힘이 실리면서 고려 사신이 송나라 수도까지 오는 길따라 각 도시의 태수가 직접 나와 이들을 마중하도록 하였으며, 고려 사신이 머물 관사까지 길 따라 새로 짓도록 했을 정도였으니까. 이와 함께 고려를 방문, 귀화하는 외국인의 숫자마저 이전보다 크게 늘어나고 있었지. 그만큼 송나라를 비롯한 여러 지역에서 요나라를 상대로 승리한 고려를 상당한 실력을 지닌 국가로 인식한 모양. 한 마디로 국가의 격이 완전히 달라진 것이다.

거란에서 어사대부 상장군(御史大夫 上將軍) 소회례 등이 와서 왕을 개부의동삼사 수상서령 상주국 고려국왕(開府儀同三司 守尙書令 上柱國 高麗國王)에 책봉하고, 식읍(食邑) 1만 호와 식실봉(食實封) 1000호, 아울러 수레와 의복, 의례에 사용하는 물품을 하사하였다. 이때부터 다시 거란의 연호(年號)를 사용하였다.

《고려사》 고려 현종 13년(1022) 4월

상황이 이러하니 요나라에서도 고려 국왕을 책봉하는 형식으로 현종을 인정할 수밖에 없었다. 고려와 사이를 나쁘게 유지해보았자 요나라 역시 좋을 것 없다는 판단이 들었을 테니. 혹시나 고려가 송나라와 완전히 손을 잡는다면 매우 골치 아픈 일이 될지 모르니까. 당연하게도 서희의 담판으로 확보한 강동 6주 역시 더 이상 요나라로 반환하라고 적극적으로 요구하지 못한다. 물론 요나라는 만일을 대비하여 압록강 근처에다 성을 쌓는 등 강동 6주를 언젠가 가져오겠다는 꿈을 완전히 포기하지 않았지만 고려보다 먼저 멸망하면서 그 꿈은 현실이 될 수 없는 영원한 꿈으로 돌아가고 말았지.

한편 고려도 요나라가 고려 국왕의 정통성을 인정해주자 송나라 연호에서 요나라 연호로 다시금 변경하는 방식으로 대응하였다. 요나라와 송나라, 두 황제국 사이에서 고려가 요나라 손을 들어줌으로써 나름 국제적인 자존심을 세워준 것. 이렇듯 서로 필요한 부분을 충족시키는 외교를 통해 고려와 요나라는 다시금 관계 개선이 이루어졌고, 약 100여 년간 평화 시대를 맞이할 준비는 마무리된다.

여기까지 살펴보았지만 전쟁 준비와 승리를 넘어 이후의 외교까지 고려 현종은 정말로 완벽한 모습 그 자체를 보여주었구나. 큰 승리를 거두었다고 자만심에 빠지지 않고 오히려 자존심은 조금 굽히되 실리를 최대한 얻는 형식의 외교가 바로 그것. 이는 국력이 약한 국가가 선보일 수 있는 최고의 외교 방식이 아닐까 싶군. 현재 우리 주변에도 우리보다 약한 나라를 찾기 어려운 상황인 만큼 대한민국이 적극적으로 연구하고 배워야 할 외교술로 여겨진다. 괜한 자존심만 내세우기에는 한국의 국력에 분명한 한계가 있으니까.

아~ 이제 서문에 도착한 것 같네. 하하. 날도 적당히 어두워지고 있고. 일몰 구경하러 빨리 가볼까.

8

서문에서
남한산성 마을로

서문에 담긴 역사

　남한산성 서문에 도착했으나 아직은 날이 밝아서 이곳까지 햇빛이 길게 뻗어 들어오는 중. 하지만 시간이 조금만 더 지나면 주변이 어두컴컴해지겠지. 저 멀리 해가 서쪽 하늘에서 하루의 마지막을 인사하듯 점차 사라지고 있거든. 한편 남한산성 서문은 남문보다 작은 규모로, 성문 높이가 2.5m에 불과하다. 참고로 남문은 성문 높이가 4.75m거든. 그래서인지 문이 좁다는 느낌이 드는걸.

　용골대와 마부대가 성 밖에 와서 상(上, 인조)이 성 밖으로 나갈 것을 재촉하였다. 상이 남염의(藍染衣) 차림으로 백마를 타고 의장용 무기는 모두 제거한 채 시종(侍從) 50여 명을 거느리고 서문(西門)을 통해 성을 나갔는데, 왕세자가 따랐다. 백관으로 뒤처진 자는 서문 안에 서서 가슴을 치고 뛰면서 통곡하였다.

《조선왕조실록》 인조 15년(1637) 1월 30일

(위) 남한산성 서문. (아래) 서문은 인조가 청나라에 항복하고자 남한
산성 밖으로 나갈 때 사용한 문이다. ©Park Jongmoo

바로 이곳 서문은 조선 인조가 청나라에 항복하고자 남한산성 밖으로 나갈 때 사용한 문이라는 사실. 물론 아까 만난 남한산성 정문(正門)인 남문에 비해 훨씬 작은 문인지라 왕이 사용할 만한 격의 장소는 아니었다. 그럼에도 불구하고 이 문을 통해 인조가 밖을 나간 이유는 청나라 측에서 그리하라 했기 때문.

용골대가 말하기를,

"삼전포(三田浦)에 이미 항복을 받는 단(壇)을 쌓았는데, 황제가 나오셨으니, 내일은 이 의식을 거행해야 할 것이오. 몸을 결박하고 관(棺)을 끌고 나오는 등의 허다한 조항은 지금 모두 없애겠소."

하니, 홍서봉이 말하기를,

"국왕께서 용포(龍袍)를 착용하고 계시는데, 당연히 이 복장으로 나가야 하겠지요?"

하자, 용골대가 말하기를,

"용포는 착용할 수 없소."

하였다. 홍서봉이 말하기를,

"남문(南門)으로 나와야 하겠지요?"

하니, 용골대가 말하기를,

"죄를 지은 사람은 정문(正門)을 통해 나올 수

없소."

하였다.

《조선왕조실록》 인조 15년(1637) 1월 28일

인조는 결국 청나라에 항복하기로 마음을 먹는
다. 그러자 청나라 측 사신인 용골대가 항복절차를
진행하기 위해 남한산성을 방문하였는데, 황제 홍타
이지가 기다리고 있는 삼전도로 인조가 직접 나오
되 그 조건은 다음과 같았다. "1. 항복한 군주가 해
야 할 몸을 결박하고 관(棺)을 끌고 나오는 등의 허
다한 조항은 없애겠다. 2. 다만 왕을 상징하는 용포
는 입을 수 없으며, 3. 황제에게 죄를 지었으니 정문
인 남문 역시 사용할 수 없다."가 바로 그것. 이에 따
라 인조는 용포를 벗고 남염의(藍染衣), 즉 평상복인
푸른색의 옷을 입은 채 좁은 서문을 나서야 했지. 참
으로 처량한 모습. 그나마 자신의 몸을 결박한 채 죽
은 사람이 들어갈 관을 끌고 오는 것은 면하여 다행
이랄까. 이는 죽이든 살리든 나의 목숨을 당신께 맡
길 테니 알아서 처분하시라는 의미를 지닌 퍼포먼
스였거든.

나도 슬쩍 서문을 통과하여 밖으로 나가본다. 음.
그러니까 수백 년 전 저 아래로 인조가 터벅터벅 걸
어 내려갔다는 거지? 내려가면서 그의 기분은 과연

어떠했을지. 쯧쯧. 어쨌든 고려 현종과 비교하여 조선 인조는 서문을 쓸쓸히 나서면서 패배한 역사를 한반도에 짙게 남기고 말았구나. 이 뒤로도 조선은 어찌어찌 200여 년을 넘게 지속하나 조선 전기에 비해 활달함과 자신감은 매우 부족한 시대를 이어가게 된다. 외부 접촉을 최소한으로 하는 은둔의 나라가 되고 말았는데, 이는 오랜 기간 자신들이 그리 무시하던 오랑캐, 즉 유목민이 세운 청나라에 굴복한 정신적 충격이 무척 컸기 때문.

상황이 이러함에도 조선 후기 내내 인조는 명나라에 대한 남다른 의리를 지키다 굴욕을 당한 안타깝고 연민이 드는 왕처럼 인식하였으니, 인조의 후손들이 계속 왕위를 이어간 만큼 그나마 괜찮아 보이도록 포장한 모습이 이러했던 것. 하지만 조선이 망하고 현대 들어와 당대 기록이 속속 해석, 연구되어 알려지면서 지금은 조선을 대표하는 암군 중 한명으로 당당히 자리매김하였다. 그와 어깨를 견줄 만한 조선 시대 왕은 음, 연산군? 고종? 뭐 그 정도가 당장 떠오르네. 참고로 암군(暗君)이란 사리에 어둡고 어리석은 군주를 뜻하니, 딱 인조를 표현하기에 안성맞춤의 표현이로구나.

그렇다면 인조는 왜 항복을 결심한 것일까? 성 내 물자가 부족해도 여전히 청나라 군대는 포위만 한

인조가 서문을 통과하여 내려간 길. ⒸPark Jongmoo

채 성을 제대로 공략하지는 못하고 있었거든. 워낙 성이 험한 곳에 세워져서 공격 측에서도 쉽지 않은 대상이었기 때문. 이에 대한 이야기는 일몰을 구경한 뒤 이어가야겠다. 서문 밖으로 나와 오른쪽을 따라 쭉 걸어 올라가면 성벽 끝 지점에 서문 전망대가 있다. 여기서부터 가까운 장소임. 마침 서문을 통과하여 서문 전망대로 발걸음을 빠르게 옮기는 등산객이 몇몇 보이네. 슬슬 일몰 타이밍인가 봄. 나도 이들을 따라 어서 가봐야겠다.

서문 전망대에서 본 일몰

서문 전망대는 주변 전망을 잘 볼 수 있도록 바닥부터 의자까지 두꺼운 나무 판자로 단단하게 만들어놓았다. 안양에 사는 내가 자주 다니는 관악산에도 안양시가 만든 이와 유사한 디자인의 전망대가 있는데, 그곳에서는 안양과 과천, 저 멀리로는 군포, 의왕 등을 바라볼 수 있는 반면, 이곳에서는 성남과 서울을 볼 수 있거든. 산 위에서 내려다보는 도시의 모습이란 참으로 매력적이야. 하하. 마치 하늘을 나는 새가 된 것 같네.

사실 전망대 바로 위로 보이는 남한산성 성벽에서도 서울을 배경으로 한 아름다운 광경을 볼 수 있지만, 이미 저 위에는 사람들이 성벽을 따라 쭉 서 있는 중. 누가보아도 값비싸 보이는 커다란 사진기를 들고 일몰 장면을 찍으려는 분들로 가득하거든. 아무래도 전망대보다 조금 더 높은 위치인 데다 성벽에 기대어 찍으면 사진이 더욱 안정적으로 나와 그런가봄.

어쨌든 일몰을 구경하는 사람들이 모인 이곳에

(위) 서문 전망대에서 바라본 도시의 모습. 사진 게티이미지 (아래) 어느
덧 땅거미가 내려앉으며 건물마다 조명이 하나 둘 켜지는 모습이 아
름답다. ©Park Jongmoo

밤이 되자 롯데타워는 꼭대기 부분 색이 아름답게 변하고 그 뒤로 남산 위의 N타워도 몸통에 빛을 내고 있다. ©Park Jongmoo

서 서울 쪽을 바라보니 저 멀리 태양이 내려가면서 붉은 여운이 하늘에 가득하다. 특히 내가 군대 시절 근무할 때만 하더라도 코엑스를 대표하는 229m의 트레이드타워가 이 주변에서 보이는 뷰 중 가장 높은 건물처럼 다가왔는데, 지금은 555m의 롯데타워가 압도적으로 다가온다. 너무나 압도적이라 사실상 롯데타워를 보러 이곳에 온 느낌마저 드는군. 아참~ 다음번에 혹시 롯데타워 전망대를 가게 된다면 그곳에서 남한산성을 한 번 찾아봐야겠다. 이곳과 롯데타워 높이가 거의 비슷해서 말이지.

어느덧 땅거미가 내려앉으며 밤으로 변모하고

있다. 저 멀리 남아 있는 한줄기의 붉은 구름이 하루가 아직 끝나지 않았음을 보여주고 있구나. 조금 더 시간이 지나자 건물마다 조명이 하나 둘 켜지더니, 완전한 어둠 속에서 도시의 야경이 빛을 보인다. 인구 940만 명의 거대 도시 서울의 야경. 참으로 장관이로군. 나도 모르는 사이 휴대폰을 꺼내 사진을 찍는 중. 음. 찍은 사진을 보니 역시나 휴대폰 사진은 한계가 분명해. 눈으로 보는 광경의 15% 수준도 못 채우는걸. 그래서 비싼 사진기가 필요한가보다.

롯데타워는 완전한 야간이 되자 꼭대기 부분 색이 아름답게 변하고 그 뒤로 남산 위의 N타워도 몸통에 빛을 내고 있다. 이렇듯 도심의 화려한 인공 빛 덕분에 태양이 사라진 빈 자리를 어느 정도 채운 느낌이 든다. 역시 인간이 만들어낸 에너지의 힘이란 대단해. 꽤 오랜 시간 동안 충분한 구경을 끝냈으니 슬슬 내려가볼까. 한때 전망대에 있던 수많은 사람들도 하나 둘 떠나고 있다. 이는 곧 지금부터는 밤 산행을 시작할 시기라는 의미. 아참, 저 롯데타워 근처가 오늘 여행 첫 시작을 알린 삼전도비가 위치한 장소이자 조선 인조가 항복 의식을 거행한 장소이니, 그에 대한 이야기를 이어가야겠군.

강화도 점령과 항전 포기

 남한산성 서문으로 다시 들어가서 하산해야 하지만 해가 사라져 어두우니, 핸드폰 조명을 켜서 길을 알아본다. 그렇게 앞선 사람들을 따라 조심조심 내려가자 금세 큰 길을 만났고, 여기서부터는 가로등이 중간중간 배치되어 있어 다행. 다양한 방식으로 산을 즐기는 등산객을 위해 그동안 많은 투자를 하였는지 야간 산행에도 충분한 대비가 되어있군. 하긴 우리 집 근처 관악산도 길 따라 가로등이 잘 배치되어 있더라.

 자~ 그럼 산성 마을로 내려가면서 조선 인조의 투항 과정을 알아볼까?

 이경석이 아뢰기를,

 "사신을 통해 보낼 문서 중 문자에 타당하지 않은 곳이 많이 있으니, 우선 내일을 기다렸다가 사람을 보내도 해로울 것이 없겠습니다."

 하니, 최명길이 화를 내어 꾸짖기를,

 "그대들이 매번 조그마한 곡절을 다투고 판단하

느라 이렇게 위태로운 치욕을 맞게 되었다. 그렇지 않았으면 어찌 오늘날과 같은 상황이 되었겠는가. 삼사(三司, 언론을 담당하는 부서)는 단지 신(臣)이라는 글자에 대해서 그 가부만 논하면 된다. 사신을 언제 보내느냐 하는 것은 곧 조정의 책임으로서 그대들이 알 일이 아니다."

하였는데, 이경석이 감히 말을 하지 못하였다.

《조선왕조실록》 인조 15년(1637) 1월 18일

왕과 신하들이 남한산성에 고립무원된 지 오래되었건만, 성 밖 구원군은 두려움에 별다른 움직임을 보이지 않거나, 또는 각자 따로 움직이다 청나라 군대에게 각개 격파당하는 상황이 이어졌다. 그러자 성 안에서는 청나라와 계속된 대립보다는 강화, 즉 평화를 합의해야 한다는 주장이 점차 힘을 얻고 있었지. 하지만 여러 신하들이 청나라 측과 문서를 주고받을 때 사용할 문자 표현 하나하나를 따지며 시간을 축내고 있으니 참으로 답답한 형국일 수밖에. 예를 들면 청나라 황제에게 '폐하'라는 표현을 쓰느냐 마느냐 등의 지엽적인 문제가 그것.

이처럼 조선 측에서 불리한 상황에서도 계속 시간만 축내자 청나라의 강화 조건은 갈수록 높아졌다. 본래 조선에서는 왕의 동생과 대신을 인질로 넘거주는 선에서 강화를 맺으려 했지만, 왕의 동생으로 파견된 능봉군은 실은 왕의 동생이 아니라 종친 중한 명에 불과했고, 대신이라 보낸 심집 역시 대신으로 가장한 인물임이 탄로나면서 실패로 돌아갔지.

이에 청나라에서는 앞으로는 세자가 와야 강화가 가능하다고 조건을 올린다. 그 소식을 듣자 인조는 결코 세자를 보낼 수 없다며 싸우겠다는 의지를 보였지만, 얼마 뒤 청 황제 홍타이지가 도착하고 조선군마저 계속 패하면서 다시금 강화를 할 수밖에 없는 처지가 된다. 헌데 청나라 측에서 황제가 직접 이곳으로 온 만큼 이제부터는 세자를 보내는 것으로도 안 되고 왕이 직접 나와야 강화를 할 수 있다는 것이 아닌가? 이는 잘못될 경우 왕을 그대로 청나라로 압송할 수도 있다는 공포로 다가왔다. 어느덧 청나라와의 외교는 단순한 승패를 넘어 나라의 존망이 달린 문제가 된 것. 왕이 포로가 되어 사라진 나라가 어찌 제대로 유지될 수 있겠는가?

이처럼 상황은 시시각각 엄중하게 변하고 있는데, 겨우 문자 하나하나로 따지고 있는 사람들을 보고 있자니, 당시 강화를 책임지던 최명길이 참다 참다 결국 폭발하고 말았다. 위 기록 속 표현대로 상황 인식은 제대로 못한 채 문서 내 표현으로 말꼬리 잡는 상황만 이어지면서, 조선이 결국 이 꼴 이 모양이 되었다고 크게 일갈한 것이지.

지금까지 살펴보았듯 인조도 문제지만 사실 당시 조선 사대부의 인식 역시 참으로 딱한 상황이었거든. 말로만 목청 크게 청나라를 배격할 뿐 제대로 된 상황 인식이나 책임감은 거의 보이지 않았으니까. 이 또한 왕 수준에 맞는 신하들 수준 아닐까 싶군. 본래 리더의 품성과 능력에 따라 그 구성원들 역시 리더와 유사한 결을 지닌 사람들로 채워지곤 하니 말이지. 그러니 당장 살아남기 위해서는 평화를 합의하는 과정이 중요함에도 대다수의 신하들은 여전히 좁은 관점에 빠진 채 발목 잡는 상황만 연출하고 있던 것이다.

오랑캐가 성 안에 대포를 쏘았는데, 대포의 탄환이 거위 알 만했으며 더러 맞아서 죽은 자가 있었으므로 사람들이 모두 놀라고 두려워하였다.

《조선왕조실록》 인조 15년(1637) 1월 19일

적이 대포를 남격대(南格臺) 망월봉(望月峯) 아래에서 발사하였는데, 포탄이 행궁으로 날아와 떨어지자 사람들이 모두 두려워하며 피하였다. 적병이 남성(南城)에 육박하였는데, 우리 군사가 격퇴시켰다.

대포 소리가 종일 그치지 않았는데, 성벽이 탄환
에 맞아 모두 허물어졌으므로 군사들의 마음이 흉
흉하고 두려워하였다.

《조선왕조실록》 인조 15년(1637) 1월 25일

청나라는 압박을 더욱 쪼여 조선의 항복을 유도
했다. 높은 곳에 대포를 설치한 후 성 안으로 대포를
마구 쏘기 시작했으며, 병사들이 남한산성을 직접
공격해 들어오기까지 했거든. 이때 조선군은 다가
온 적은 어찌어찌 패퇴시켰으나 홍이포의 위력에는
모두들 공포에 빠진다. 거대한 탄환이 절대 반격할
수 없는 저 먼 거리에서 날아오는데, 누가 맞을지 모
르는 형국이라 더욱 두려울 수밖에. 왕이 있는 행궁
까지 맞출 정도였으니 오죽했으랴. 뿐만 아니라 대
포로 인해 성벽마저 차례차례 무너지면서 언제까지
버틸지 알 수 없는 형국이 된다.

여기에다 나쁜 일은 함께 몰아서 오는지 청천벽
력 같은 소식이 또 전달되었다.

오랑캐 장수 구왕(九王, 예친왕 도르곤)이 군사
3만을 뽑아 거느리고 배 수십 척에 실은 뒤 갑곶진

(甲串津, 강화도로 가는 통로)에 진격하여 주둔하면서 잇따라 홍이포를 발사하니, 수군과 육군이 겁에 질려 감히 접근하지 못하였다. 적이 이 틈을 타 급히 강을 건넜는데, 장신·강진흔·김경징·이민구 등이 모두 멀리서 바라보고 도망쳤다. 장관(將官) 구원일이 장신을 벤 후 군사를 몰아 상륙한 적과 결전을 벌이려 했으나, 장신이 이를 막자 오히려 구원일이 통곡하고 바다에 몸을 던져 자결하였다. 중군(中軍) 황선신은 수백 명의 군사를 거느리고 나룻가 뒷산에 있었는데 적을 만나 패배하여 죽었다.

적이 성 밖의 높은 언덕에 나누어 주둔하였다. 내시가 원손(元孫, 세자의 아들)을 업고 나가 피했으며, 성에 있던 신하들도 일시에 도망해 흩어졌다. 봉림대군(鳳林大君)이 용사를 모집하여 출격하였으나 대적하지 못한 채 더러는 죽기도 하고 더러는 상처를 입고 돌아왔다.

《조선왕조실록》 인조 15년(1637) 1월 22일

청나라는 이번 전쟁에 있어 강화도 함락이 무엇보다 중요하다는 것을 잘 알고 있었다. 이미 수년 전 정묘호란 때 인조가 강화도로 피신한 데다 조선에서 얼마나 강화도의 방어력을 철석같이 믿는지 알고 있었기 때문. 그런 만큼 철저하게 강화도를 점령할 계획을 짜고 수군까지 미리 준비해두었으니, 단순히 유목민이라 수군은 약할 것이라 믿고 있었던 조선은 제대로 한 방 먹은 것이다. 결국 강화도의 조선군은 청나라 군인들이 홍이포를 쏜 후 배로 다가오자 제대로 된 반격마저 하지 못하고 무너져버렸다.

> 홍서봉 · 최명길 · 김신국이 오랑캐 진영에 가서 세자가 나온다는 뜻을 알리니, 용골대가 말하기를,
> "지금은 국왕이 직접 나오지 않는 한 결단코 들어줄 수 없다."
> 하고, 윤방 · 한홍일의 문서와 대군(大君)이 손수 쓴 편지를 전해주었다. 이에 처음으로 강화도가 함락되었다는 보고를 듣고 성 안의 사람들이 통곡하지 않는 이가 없었다.
>
> 《조선왕조실록》 인조 15년(1637) 1월 26일

강화도가 어이없이 쉽게 함락되면서 인조의 둘째 아들인 봉림대군을 포함한 왕실 가족 및 재상 가족들까지 대거 청나라의 포로로 잡히고 만다. 이 소식은 청나라 장수 용골대에 의해 남한산성에 전해졌으니, 당시 남한산성이 얼마나 고립무원의 상황이었는지 알 수 있다. 바깥 사정에 얼마나 깜깜하면 이처럼 중요 정보를 적으로부터 얻을까. 그야말로 최

악의 모습이었던 것.

최명길이 아뢰기를,

"지난번에 저들이 강화도를 공격하겠다고 말을 했는데도 믿지 않다가 결국 이런 지경에 이른 것입니다."

하니, 상(上 인조)이 눈물을 흘리며 말이 없었다. 홍서봉이 아뢰기를

"만고천하 어디에 이와 같은 화란이 있단 말입니까."

하자, 상이 해창군(海昌君) 윤방 등이 올린 장계를 내어 보여주었다. 홍서봉이 아뢰기를,

"연소한 관리는 일시에 건너왔으나, 늙고 병든 대신은 그대로 두고서 왔다고 하였습니다. 내관 나흡(羅洽)은 신을 보고 눈물을 글썽일 뿐이었습니다."

하였다. 최명길이 아뢰기를

"그는 빈전(嬪殿) 이하는 예우하기를 극진히 하였고, 재상의 가속들도 한곳으로 데리고 왔다고 말하였습니다."

하니, 상이 이르기를

"군대가 갑자기 성을 포위했다는 말로 볼 때 아마도 적이 물을 건너오는 줄을 몰랐던 것이니, 어찌 이토록 계책이 없었단 말인가. 대군(大君)에게도

두세 번 편지를 보냈건만 곧이듣지 않아 결국 이런 지경에 이르렀으니, 비록 큰 강으로 가로막힌 천연의 요새가 있다 하더라도 지키지 못하는데 어떻게 하겠는가."

《승정원일기》 인조 15년(1637) 1월 26일

인조는 강화도 함락 소식을 듣고 한탄과 함께 눈물을 흘릴 뿐이었다. 왕과 재상의 가족이 포로로 잡히면서 더 이상 버틸 마음이 사라지고 만 것. 게다가 성안의 분위기마저 결코 좋지 않았다. 성을 지키던 장수와 병사들이 어리석은 행동만 이어가던 인조의 신하들에게 대놓고 분노를 표출하고 있었거든. 제대로 된 계책과 전략도 없이 문신들이 싸우자는 의견만 보이다 이 꼴이 되었다며 비난하면서 장졸들이 행궁 앞에 모여 시위까지 하고 있었으니 말 다했지. 즉 싸우다 죽거나 다치는 것은 자신들인데, 너희들은 궁궐 안에서 뭐하냐? 라는 의미였다.

사기가 완전히 꺾인 만큼 인조는 항복하기로 결심한다. 여러 신하들이 여전히 항복 반대를 주장했으나 뾰족한 방법이 없었거든. 소식을 들은 청나라 황제 홍타이지는 조선 인조에게 글을 보낸다.

관온인성황제(寬溫仁聖皇帝, 홍타이지)는 조선

국왕에게 조유(詔諭, 황제가 조칙을 내리다)한다. 보내온 글을 보건대, 종묘사직과 백성들에 대해 근심하면서 조칙의 내용을 분명히 내려 안심하고 귀순할 수 있는 길을 열어달라고 청하였는데, 짐이 식언(食言)할까 의심하는 것인가. 그러나 짐은 본래 나의 정성을 남에게까지 적용하니, 지난번의 말을 틀림없이 실천할 뿐만 아니라 후일 제도를 새롭게 함에도 함께 참여할 것이다. 그래서 지금 지난날의 죄를 모두 용서하고 규칙을 상세하게 정하여 군신(君臣)이 대대로 지킬 믿음과 의리로 삼는 바이다.

그대가 만약 잘못을 뉘우치고 스스로 새롭게 하여 은덕을 잊지 않고 자신을 맡기고 귀순하여 자손의 장구한 계책을 삼으려 한다면, 앞으로 명(明)나라가 준 국왕 책봉 문서와 인장을 헌납하고, 그들과의 관계를 끊고, 그들의 연호(年號)를 버리고, 일체의 공문서에 우리의 연호를 받들도록 하라. 그리고 그대는 장자(長子) 및 또 다른 왕자를 인질로 삼고, 대신(大臣)들은 아들이 있으면 아들을, 아들이 없으면 동생을 인질로 삼으라. 만일 그대에게 뜻하지 않은 일이 발생하면 짐이 인질로 삼은 아들을 세워 왕위를 계승하게 할 것이다.

(중략)

그대는 이미 죽은 목숨이었는데 짐이 다시 살아

나게 하였으며, 거의 망해가는 그대의 종사(宗社)를 온전하게 하고, 이미 잃었던 그대의 처자를 완전하게 해주었다. 그대는 마땅히 국가를 다시 일으켜준 은혜를 생각하라. 뒷날 자자손손토록 신의를 어기지 말도록 한다면 그대 나라가 영원히 안정될 것이다. 짐은 그대 나라가 되풀이해서 교활하게 속였기 때문에 이렇게 조칙으로 보이는 바이다. 숭덕(崇德) 2년 정월 28일."

《조선왕조실록》 인조 15년(1637) 1월 28일

청나라 황제 홍타이지는 조선 인조가 항복을 하면 이를 받아주고 포로로 삼아 북방으로 끌고 가지 않을 것을 분명히 약속했다. 대신 인조의 아들들, 즉 세자와 대군들을 포로로 삼기로 한다. 그러면서 망한 나라를 넓은 마음으로 살려주었으니 그 은혜를 고맙게 여기라는 말까지 하였지. 실제로도 인조는 망국의 왕이 될 뻔했으나 겨우 왕실을 이어갈 수 있게 되었네. 쯧쯧.

하지만 인조에게는 청나라가 원하는 마지막 테스트가 아직 남아 있었다. 그것은 바로.

삼배구고두례

청나라에서 성을 나갈 때 호위하는 사람을 50명을 넘지 말라고 하였기 때문에 상(上, 인조)이 시종 50여 명만을 거느리고 진시(辰時; 오전 7~9시)에 서문(西門)을 통해 성을 나갔는데, 왕세자가 따랐다. 백관 중에 뒤에 남는 자는 서문 안에 나열해 서서 가슴을 치며 통곡하였는데, 햇빛에 광채가 없었다. 상이 산에서 내려가 가시 풀을 깔고 앉았는데, 얼마 뒤 갑옷을 입은 청나라 군사 수백 명이 좌우로 나누어 말을 달려왔다. 상이 이르기를

"이것은 무엇을 하는 것인가?"

하니, 이경직이 아뢰기를,

"이는 이른바 영접하는 것입니다. 사신이 갈 때에도 이와 같이 합니다."

하였다. 얼마 뒤에 용골대와 마부대가 말을 달려오자, 상이 자리에서 일어서서 그들과 더불어 두 번 읍(揖)하고 동서(東西)로 나누어 앉았다. 용골대 등이 위로하자, 상이 답하기를

"지난날의 허물은 다 말할 필요도 없거니와 오

늘의 일은 오로지 황제의 말과 두 대인(大人)이 힘써주실 것만을 믿을 뿐입니다."

하니, 용골대가 말하기를,

"지금 이후로는 두 나라가 한집안이 되는 만큼 백성들은 무사함을 보장받을 수 있습니다. 시간이 이미 늦었으니 속히 떠났으면 합니다."

하고, 마침내 말을 달려 선도하였다. 상이 뒤따라 나아가 옛 광주(廣州) 앞에 이르자, 용골대가 임금을 가까이 모시는 신하들을 뒤에 떨어뜨려두었으므로 상은 다만 삼공, 오경, 승지, 한림과 주서 각 한 사람만을 거느리고, 왕세자는 시강원과 익위사를 거느리고 앞으로 나아갔다. 비석 앞에 이르러 멀리 바라보니 황제가 삼전도에 단을 설치하고서 위에 노란색 천으로 만든 지붕을 펼치고 앉아 있고 갑주 차림에 검을 찬 자가 각각 방진(方陣)을 치고 옹립하였으며, 깃발과 창검이 사방에 빽빽이 늘어서 있고 악기를 진열하여 연주하였는데, 대략 중국의 제도를 모방한 것이었다.

용골대 등이 말에서 내리니, 상 또한 말에서 내려 비석 아래에 앉았다. 용골대 등이 먼저 들어가 보고를 하고는 이윽고 나와서 선도하여 걸었다. 상이 도보로 따라서 진 밖에 이르자, 용골대 등이 전하를 동쪽 문 밖에 머물러 있게 하였다. 상이 삼배

고두례(三拜叩頭禮)를 행하자, 용골대 등이 들어가 보고한 다음 나와서 황제의 말을 전하기를

"지난날의 일을 말하려 하면 길다. 이제 용단을 내려 나왔으니 매우 기쁘고 다행스럽다."

하니, 상이 답하기를

"천은이 망극합니다."

하였다. 용골대 등이 인도하여 들어가 동쪽 작문을 통해 들어가니, 단(壇) 아래에 북쪽을 향해 자리를 마련하고 상에게 자리로 나아갈 것을 청하였다. 청나라 사람이 구령을 외치자, 상이 다시 황제에게 삼배고두례를 행하였다.

용골대 등이 상을 인도하여 나와 동쪽 작문을 통해 나와서는 다시 동북쪽 모퉁이를 지나 단의 동쪽에 앉게 하였다. 대군(大君) 이하가 강도에서 잡혀와서 단 아래의 약간 서쪽에 늘어서 있었다. 이윽고 용골대 등이 황제의 말을 전해 상에게 단에 오를 것을 청하였다. 황제는 남쪽을 향해 앉고 상은 동북쪽 윗자리에 앉았는데 서쪽을 향해 앉았다. 청나라 왕자 세 사람은 차례로 나란히 앉고 왕세자는 또 그 아래에 앉았는데, 모두 서쪽을 향해 앉았다. 또 청나라 왕자 네 사람은 모두 서북쪽에서 동쪽을 향해 앉고 봉림대군과 인평대군은 그 아래에 나란히 앉았다. 우리나라 신하들에게는 단 아래 동쪽 모퉁이

에 자리를 주었고, 강화도에서 잡혀 온 신하는 단 아래의 서쪽 모퉁이에 앉게 하고서 차 한 잔을 올렸다. 얼마 뒤 황제가 갑자기 일어나 단을 내려가 오줌을 누었으므로 상 또한 일어나 단을 내려가 진 밖의 동쪽 모퉁이로 나가서 휴식하였다. 황제가 단상에 돌아와 앉고서 상이 다시 자리로 들어와 앉기를 청하였다. 황제가 용골대를 시켜 우리나라의 여러 사신들에게 말하기를

"이제는 두 나라가 한 집안이 되었다."

《승정원일기》 인조 15년(1637) 1월 30일

터벅터벅 남한산성을 내려온 인조는 용골대의 안내로 이번에는 청나라 황제가 기다리고 있는 삼전도로 향했다. 그곳에서 인조는 북쪽 높은 단 위에 자리 잡은 청나라 황제를 향해 세 번 절하고 아홉 번 고개를 숙이는 의식을 행했는데, 조선 왕이 절할 때마다 청나라 사람이 큰 소리로 구령을 외쳤지. 이는 다름 아닌 삼배구고두례 의식이었던 것.

가만 보니, 이때로부터 불과 1년도 안 된 시점인 1636년 4월 11일. 청나라 수도인 요동 심양에서 홍타이지가 황제로 즉위하는 행사를 펼쳤으나, 조선 사신 나덕헌과 이확이 삼배구고두례를 거부하며 서 있는 바람에 외교적인 문제로 비화된 적이 있었구

나. 헌데 불과 8개월 만에 그 누구도 아닌 조선 국왕을 자신 앞으로 끌고 와 삼배구고두례를 시켰으니 청나라 황제 홍타이지의 자부심은 하늘을 찌르지 않았을까? 당한 모욕을 10배로 갚았으니 말이지. 반면 인조는 불과 8개월 전만 하더라도 자신이 황제 앞에서 삼배구고두례를 하게 되리라고는 꿈에도 상상하지 않았을 것이다. 허나 역사는 참으로 아이러니하게도 사람의 상상력 이상을 종종 보여주곤 하거든. 이런 사단이 벌어지고 말았으니.

인조가 청나라 황제 앞으로 끌려와 고개를 숙이면서 조선의 패배로 전쟁은 끝났다. 하지만 전쟁의 여파는 지금부터 시작이었지. 청나라는 전쟁 배상금 명목으로 조선에게 매년 세폐(歲幣)를 받기로 했는데, 그 양이 상당했거든.

황금(黃金) 100냥(兩), 백은(白銀) 1000냥, 활을 만들 때 필요한 소의 뿔 200부(副), 호랑이 표범 가죽 100장(張), 사슴 가죽 100장, 차(茶) 1000포(包), 수달 가죽(水獺皮) 400장, 다람쥐 가죽 300장, 후추 10두(斗), 호요도(好腰刀) 26파(把), 소목(蘇木) 200근(斤), 호대지(好大紙) 1000권(卷), 순도(順刀) 10파, 호소지(好小紙) 1500권, 오조룡이 그려진 화문석 4령(領), 각종 화문석 40령, 백저포(白苧布) 200

필(匹), 각색 면주(綿紬) 2000필, 각색 세마포(細麻布) 400필, 각색 세포(細布) 1만 필, 포(布) 1400필, 쌀 1만 포(包)를 정식(定式)으로 삼는다.

《조선왕조실록》 인조 15년(1637) 1월 28일

조선은 금, 은, 무기, 동물 가죽, 종이, 돗자리, 면포(綿布), 쌀 등을 매년 바쳐야 했고, 이를 통해 청나라는 명나라가 무역을 끊어 만성적으로 부족했던 물자를 어느 정도 보충할 수 있었다. 게다가 전쟁에서 제대로 된 저항 없이 패하는 바람에 수많은 조선 포로들이 청나라로 끌려갔으니, 강제로 가족과 헤어지고 피눈물을 흘린 백성들의 한(恨)은 과연 누구의 책임인가? 인구가 줄어들어 생겨난 국력 저하 역시 조선이 감당할 문제였다.

구왕(九王, 예친왕 도르곤)이 군사를 거두어 돌아가면서 왕세자와 빈궁, 봉림 대군과 부인을 서쪽으로 데리고 갔다. 상이 창릉(昌陵, 고양시)의 서쪽에 거둥하여 전송하였다. 길 곁에 말을 머물게 하고 구왕과 서로 읍(揖)하니, 구왕이 말하기를,

"멀리 오셔서 서로 전송하니 실로 매우 감사합니다."

하니, 상이 말하기를,

"가르치지 못한 자식이 지금 따라가니, 대왕께서 가르쳐주시기를 바랍니다."

하였다. 구왕이 말하기를,

"세자의 연세가 벌써 저보다 많고, 일에 대처하는 것을 보건대 실로 제가 감히 가르칠 입장이 못됩니다. 더구나 황제께서 후하게 대우하시니 염려하지 마시기 바랍니다."

하니, 상이 말하기를,

"자식들이 깊은 궁궐에서만 생장하였는데, 지금 듣건대 여러 날 동안 노숙하여 질병이 벌써 생겼다 합니다. 가는 동안에 온돌방에서 잠을 잘 수 있게 하면 다행이겠습니다."

하자, 구왕이 말하기를,

"삼가 가르침을 받들겠습니다. 만 리 길을 떠나보내니 필시 여러 모로 마음을 쓰실 텐데 국왕께서 건강을 해칠까 매우 두렵습니다. 세자가 간다 하더라도 틀림없이 머지않아 돌아올 것이니, 행여 너무 염려하지 마십시오. 군대가 갈 길이 매우 바쁘니 하직했으면 합니다."

하였다. 세자와 대군이 절하며 하직하고 떠나자, 상이 눈물을 흘리며 전송하기를,

"힘쓰도록 하라. 지나치게 화를 내지도 말고 가볍게 보이지도 말라."

하니, 세자가 엎드려 분부를 받았다. 신하들이 옷자락을 당기며 통곡하자, 세자가 만류하며 말하기를,

"주상이 여기에 계신데 어찌 감히 이렇게들 하는가."

하고, 인하여 말하기를,

"각자 진중하도록 하라."

하고, 마침내 말에 올라 떠났다."

《조선왕조실록》 인조 15년(1637) 2월 8일

청 황제는 1637년 2월 2일 떠났고 8일에는 세자와 대군이 볼모가 되어 청나라로 떠났다. 인조는 청 황제가 조선을 떠난 날뿐만 아니라 세자와 대군이 떠나는 날에도 멀리까지 직접 따라와 전송했는데, 나이가 자식뻘인 구왕(九王) 즉 예친왕 도르곤에게 "대왕"이라 부르며 얼마나 깍듯하게 대하는지 안타까워 보이네. 삼배구고두례 후 자존감이 무너져 청나라에 완전히 주눅 든 듯하다. 하긴 도르곤은 강화도 점령을 이룩한 청나라 명장이자 황제 홍타이지의 이복동생으로서 황실 주요 일원이었으니 더욱 꼼짝할 수 없었겠지.

한편 시간이 지나 1644년 예친왕 도르곤은 북경까지 점령하고 청나라 수도를 심양에서 북경으로

옮기는 등 명나라를 대신하여 청나라가 중국을 통치하도록 만든 인물로서 세계사에 큰 발자취를 남겼다. 이렇듯 이번 전쟁은 조선과 달리 청나라에게는 승리의 역사를 연 중요한 발판이 된 것.

하긴 성공한 회사 경영자들도 이런 말을 하더라. "실패보다 성공에서 배울 점이 훨씬 더 많다." 우리가 실패한 역사보다 성공한 역사를 더 연구해야 하는 이유이자 조선 인조보다 고려 현종을 연구해야 하는 이유이기도 하다. 지금까지 쭉 비교해보니 성공과 실패는 한 끝 차이가 아니라 축적된 하나하나의 노력이 만든 전체적 결과물임을 알 수 있었거든. 그 모든 것을 조율하는 것이 바로 리더의 책임이기도 하고.

음식점을 찾으러

남한산성 마을에 도착하여 이번에는 빠른 걸음으로 길 따라 동쪽으로 걸어가본다. 남한산성 초등학교를 지나니 독특한 탑 모양을 지닌 십자가가 보이네. 한옥과 양옥이 절묘하게 함께하는 인상적인 디자인의 남한산성 교회다. 나는 종교가 불교인지라 교회와 큰 인연은 없다만 과거 우리 부대에서 크리스마스 같은 중요 날마다 저 교회로 부대원이 참가했던 기억이 나는걸. 반면 불교를 믿는 부대원은 부처님 오신 날 같은 중요 날마다 남한산성 내에 위치한 사찰인 망월사를 방문하였지. 이때 내가 부대원을 인솔하여 사찰까지 이동하곤 했는데, 그 이유는 당시 맡은 직책이 군종병이었기 때문.

20대 초반 시절 군대에 들어와 훈련을 다 받고 자대 배치를 받을 때 일이다. 서울에 있는 모 부대에서 자대 배치를 받던 중 인사 책임자였던 중령이 이번 신병들이 갈 부대를 최종 정리하면서 "다들 배치된 부대에 만족하지."라고 이야기하는 것이 아닌가? 이때만 하더라도 나는 TO가 있던 김포에 있는 부대로 갈 예정이었거든. 그런데 무슨 용기인지 나도 모르게 팔을 번쩍 들고 이런 말을 외쳤다.

"조상의 얼이 담겨있는 남한산성으로 가고 싶습니다."

그러자 중령은 깜짝 놀란 듯. "조상의 얼?" 하고 반문하기에. "네. 병자호란 때 전쟁이 벌어진 곳에서 근무하고 싶습니다."라고 큰소리로 외쳤지. 그러자 중령이 조금 감동하는 눈빛으로 보더니 "어허~ 요즘 신병은 이런 각오로 군대에 오는가? 그래. 내가 자대를 바꿔주지."라며 바로 직권으로 김포에서 남한산성 부대로 옮겨주었다. 그렇게 나는 내가 원한 부대로 오게 된 것. 어차피 근무할 군대라면 역사적 자취가 남아 있는 남한산성에서 하고 싶었거든. 덕분에 운 좋게도 8개월 간 선임을 하는 엄청난 기회까지 얻을 수 있었네.

한편 부대로 오자마자 이런 일이 생겼다. 병사, 간부 합쳐 120명 남짓한 작은 부대 안에도 나름 군종병이 있었는데, 기독교, 가톨릭에 비해 불교 군종병은 할 사람이 없다는 거다. 왜냐면 부대가 작은 만큼 군대 생활을 하면서 군종병 역할도 겸해서 하는 시스템이라 귀찮아서 아무도 안 하려 한다고. 다만 기독교, 가톨릭은 워낙 신앙이 두터운 사람이 많은지라 차기 군종병을 그나마 쉽게 구하는 모양. 매주 종교 모임도 열심히 열고 말이지.

이에 신병인 나의 종교가 불교라고 작은 부대에 널리 알려지자 당시 불교 군종병이었던 말년에 들어선 타 부서의 병장이 갑자기 우리 내무실을 찾아오더니 나를 차기 군종병으로 그냥 지목해버렸다. 이등병 입장인지라 병장이 군종병을 하라고 하니 뭔지 몰라도 그냥 한다고 했지. 나중에 듣기로 해당 부대에서는 본래 군종병은 상병쯤 되어 시작하여 제대 전 차기 군종병에게 넘기는 방식으로 운영했다고 함. 불교 군종병 할 사람을 찾지 못하다보니 매우 드물게도 이등병이 맡게 된 것이다.

여하튼 불교 군종병을 맡고 있던 병장은 새로운 군종병을 드디어 구했다는 기쁜 마음에 곧 힘을 써서 부대 내 법당 청소로 나를 배정시켰는데, 매일 물걸레로 법당을 청소하면 되는 아주 쉬운 일이었다. 난이도가 낮아 원래는 말년 병장이나 군종병에게 맡기던 일이었지. 반면 같은 시점 내 동기들은 쓰레기통, 화장실, 복도 청소를 하나하나씩 거쳤거든. 덕분에 나는 자대 배치 후 쓰레기통, 화장실, 복도 청소 같은 힘든 일을 한 적이 단 한 번도 없었다는 사실. 군대를 다녀온 분은 믿기 힘들겠지만 말이지.

게다가 부대 내 법당을 만들어준 망월사 스님이 몇 년 간 이곳을 오지 않다가 타이밍 좋게 내가 군종병에 된 직후부터 부대를 다시금 방문하기 시작했는데, 그때마다 과일과 떡을 잔뜩 가져와 부처님께 올리고 기도를 올렸다. 그런데 기독교나 가톨릭처럼 일요일이 아닌 평일의 중요한 날, 예를 들면 관음재일, 백중 기도 등에 부대를 방문하는 바람에 부대원은 한창 일과나 훈련을 하고 있는데도 불교 군종병인 나는 법당으로 가서 기도에 참가하는 등 종종 휴식을 취할 수 있었지. 그럼에도 불구하고 부대원이나 간부에게 크게 밉보이지 않았는데, 스님이 가져온 과일과 떡을 일과가 끝난 후 간부와 병사들에게 몽땅 뿌렸기 때문. 내가 종교와 상관없이 과일, 떡을 먹고 싶은 사람은 다 모이라고 했거든. 군대에서 먹기 힘든 음식인지라 그때마다 매번 수십 명이 법당에 모였는데, 다들 나한테 고맙다고 하더군. 그때마다 부처님이 주신 거라 이야기했지.

그렇게 힘들 줄만 알았던 군대에서 의외로 좋은 일이 계속 이어지자 부처님에 대한 믿음이 더욱 강해지면서 열정적으로 군종병 활동을 하였다. 병장이 된 어느 날 주임원사 왈 불교가 부대에서 이처럼 번성한 적이 없었다며 나를 칭찬했을 정도. 실제로 어느 순간부터 일요일 법회마다 타 종교를 넘어설 만큼 사람이 꽉꽉 찼거든. 방법은 간단했다. 망월사 스님이 주신 용돈으로 과자와 냉동 식품 등 먹을 것을 잔뜩 사서 일요일 법회마다 뿌렸거든. 게다가 작은 부대인 만큼 법사 역시 당연히 존재하지 않았기에 매주 법회는 내가 불교 말씀을 공부해 직접 설명하는 방식으로 진행했다. 이걸 2년 넘게 하다보니, 말빨이 엄청 늘더군. 오죽하면 어떤 후임은 어느 날 법회가 끝나자 내게 "이런 불경 말씀을 들어본 적이 없습니다. 황 병장님 존경합니다."라 말했을 정도.

이렇게 추억이 계속 떠오르는 이유는 불교 행사 때 병사들을 인솔하여 사찰로 가던 길이 바로 이 길이었기 때문이다. 그리고 당시 내가 절에서 받은 돈으로 부대원들에게 사준 음식이 있었지. 다름 아닌 돈가스가 그것. 이곳 남한산성 마을에는 여러 음식점이 있는데, 그중 한 곳에 들어가 돈가스를 시켜 먹었던 기억이 여전히 추억처럼 남아 있거든. 하지만 일몰 후라 그런지 오늘은 대부분의 가게가 문을 닫거나 영업을 끝내는 분위기로구나. 할 수 없이 서쪽으로 도로 돌아가서 주차장 주변 음식점을 찾아본다. 음. 역시나 가게가 다들 끝나는 분위기네. 오늘은 여기서 밥 먹는 것을 포기해야겠다. 허무하지만 어쩔 수 없지.

어두컴컴하고 더 이상 할 것도 없으니 버스를 타고 내려야겠군. 아쉽게도 내려가서 밥을 먹어야겠다. 등산을 좀 했더니, 배가 무척 고프거든.

9

버스를 타고 하산

터널을 통과하다

　이미 몇몇 사람들이 기다리고 있는 버스 정류장에 나도 서 있자 얼마 뒤 어둠 속에서 헤드라이트를 활짝 켠 버스가 도착. 산 아래까지 태워줄 버스다. 야간이라 그런지 오후에 비해 사람 숫자가 크게 줄어 여유 있게 앉아서 갈 수 있겠군. 야간 도시 풍경을 감상할 수 있는 방향으로 눈치껏 자리를 판단하여 앉아본다. 음. 이 자리에 앉으면 내려가며 야간 도시를 볼 수 있겠지? 이제 하산 준비 끝.

　승객을 다 태운 버스가 출발하자 또다시 남한산성 마을과 이별이구나. 하지만 언제나 그렇듯 이곳을 기억에서 잊을 때가 되면 슬쩍 찾아오지 않을까 싶다. 내겐 평생 추억이 가득한 곳인지라. 만일 기회가 된다면 과거 내가 근무했던 부대도 방문해보고 싶지만 평생 이룰 수 없는 불가능한 꿈이겠지. 하하. 그렇게 버스가 산성터널을 통과하자 마치 무릉도원에서 현실 세계로 돌아갈 때처럼 느껴지는걸. 산성터널을 지나면 남한산성 마을에서 완전히 벗어나고 마니까. 그러고보니 과거 군대 시절에는 이곳 터널을 통과하여 내려갈 때마다 너무나 기뻤는데 말이지. 휴가, 외박 그리고 마지막 제대 때나 이곳을 통과하여 내려갈 수 있었거든.

그럼 버스를 타고 내려가면서 이번에는 고려 현종에 대한 후대 평가를 알아보기로 할까? 조선 인조에 대한 후손들의 평가는 아무래도 남한산성을 다니며 계속 이야기한 것 같은데, 어쩌다보니 현종은 별다른 언급을 하지 못했구나. 참고로 다시 한 번 언급하자면 조선 인조에 대한 후손들의 평가는 명나라에 대한 의리를 지키다 오랑캐에게 고난을 당한 불행한 왕이었지. 후대 왕들이 왕권을 유지하기 위해 어찌어찌 그렇게라도 포장할 수밖에 없었던 것.

지금부터는 현종의 후손인 고려 공민왕 시절의 이야기다. 당시 역사학자이자 정치가였던 이제현(1287~1367)은 국사(國史)라 이름 붙인 인생 최고의 대작을 집필하고 있었는데, 고려 시대 전체 역사를 담는 것을 목표로 하고 있었거든. 하지만 안타깝게도 외적 침입으로 정신이 없는 상황이 닥치고 그 과정 중 쓰던 원고의 상당 부분이 사라지면서 책을 완성시키지 못했다. 하지만 이제현이 집필한 내용 중 일부는 조선 시대에 김종서 주도로 제작된《고려사》《고려사절요》 등에 전달되어 전해지고 있으니 그나마 다행스러운 일이다. 특히 이제현이 남긴 글 중 역대 고려 왕에 대한 평가가 주목되는데, 조선 시대에 정리한 고려 역사서마다 이제현의 평을 그대로 옮겨두었기 때문.

이 중 고려 현종에 대한 평을 살펴보자.

> 왕의 병이 위독해지자 태자 왕흠(王欽)을 불러 뒷일을 부탁하였다. 얼마 지나지 않아 중광전(重光殿)에서 돌아가시니, 시호를 올려 원문(元文)이라 하고 묘호를 현종(顯宗)으로 하였다.
>
> 《고려사절요》 현종 22년(1031) 5월 25일

병에 걸려 위독해진 현종은 태자에게 왕위를 물려주고 얼마 뒤 세상을 떠났다. 이후 묘호로 현종을 받으면서 지금까지도 현종으로 알려지고 있지. 그런데 해당 기록의 마지막에는 이제현의 평이 수록되어 있으니 다음과 같다.

> 사신(史臣) 최충이 말하기를 "무신이 반역을 꾸미고 강대한 이웃이 틈을 엿보아서 수도의 궁궐이 모두 불타버리고 어가는 파천하게 되었으니, 곤경이 극에 달하였다. 난리를 바로잡은 이후에는 오랑캐와 화친하여 우호를 맺음으로써 전쟁을 멈추고 문(文)을 닦았으며, 부세를 감면하고 요역을 가볍게

하였고, 뛰어나면서 어진 자들을 등용하고 숭상하여 정사를 닦음에 있어 공평하였다. 안팎이 이에 평안하였고 농사일과 누에치는 일이 언제나 풍요로웠으니, 가히 중흥을 이룬 군주라고 할 만하다."라고 하였다.

이제현은 말하기를, "최충이 말하는 것은 세상에서 이야기하는 천명(天命)이다. 구천(句踐: 춘추오패 중 월나라 구천)은 쓸개를 맛보며 회계산(會稽山)에서의 치욕을 씻었으나, 소백(小白: 춘추오패 중 제나라 환공)은 거(莒)에서의 일을 잊었기 때문에 제(齊)에 후환을 남겼다. 인군이 천명이 있음을 믿고 마음대로 하면서 법도를 무너뜨린다면, 비록 그것을 얻었더라도 반드시 잃게 된다. 이 때문에 군자는 잘 다스려질 때에도 어지러워질 것을 생각하고 편안할 때에도 위태로움을 생각하여, 끝을 처음과 같이 함으로써 하늘의 아름다운 도리에 응답한다. 현종(顯宗) 같은 분은 공자(孔子)가 말씀하신 '더 이상 말이 필요 없는 분'이도다."

《고려사절요》 현종 22년(1031) 5월 25일 -

마침 고려 현종 시절 활동했던 최충(984~1068)은 자신이 모신 현종에 대해 "중흥을 이룬 군주"라 칭송하였다. 중흥이란 쇠퇴하던 국가가 다시금 예전

처럼 강성해졌다는 의미이니 그만큼 고려를 미증유
의 위기에서 벗어난 걸 넘어 국제적으로도 높은 위
상을 받게 한 현종의 업적을 높게 평가한 것.

이에 대해 이제현은 최충의 이야기는 천명, 곧 하
늘의 뜻이라 해석하였다. 그와 함께 중국의 춘추오
패 중 두 사람을 언급하며 아무리 하늘의 뜻이 있다
하더라도 초심을 잃는다면 실패한 역사를 만드나
현종은 한결 같았다고 평을 하였지. 오죽하면 현종
에 대하여 "공자가 말씀하신 더 이상 말이 필요 없
는 분"이라 평할 정도. 유교적 가치관에 따르면 가
히 최고의 칭송이 아닐까 싶군. 실제로도 이제현은
고려 왕에 대해 여러 평을 남겼지만 이 정도로 높은
평가는 찾기 힘들거든.

게다가 현종의 자손들을 언급하며 이제현은 다
음과 같은 평을 남겼다.

> 이제현이 찬술하길,
> "현종(顯宗) 덕종(德宗) 정종(靖宗) 문종(文宗)
> 은 아버지가 일으키고 아들들이 계승하며, 형이 죽
> 으면 아우가 뒤를 이어서 시작에서 끝이 거의 80년
> 이고, 가히 전성기라 이를 만하다."
>
> 《고려사》 문종 이제현 찬

이제현. 초상. 국립중앙박물관.

　현종 이후 왕위는 그의 맏아들 덕종, 둘째아들 정
종, 셋째아들 문종으로 이어졌다. 덕종, 정종 등이
일찍 죽으면서 벌어진 일로, 그러다 셋째 문종이 37
년 간 즉위하면서 고려 최고 전성기를 오래 유지하
였다. 이에 이제현은 현종 이후 그의 아들들까지 합
쳐 약 80년 간을 고려 전성기라 평가한 것. 게다가

문종 시대에 대해 이제현은 다음과 같은 기록을 남겼다.

　문종은 몸소 절약에 힘쓰고, 현명하고 재주 있는 자들을 등용하였으며, 백성을 사랑하고 형벌을 신중하게 하였고 학문을 숭상하고 노인을 공경하였다. 벼슬을 적임자가 아닌 사람에게 맡기지 않고 권력을 측근에게 넘기지 않았으며, 비록 인척이라도 공훈이 없으면 상 주지 않고 좌우의 총애하는 사람이라 하더라도 잘못이 있으면 반드시 처벌하였다. 환관과 잡일을 하는 이는 10여 명에 지나지 않고, 내시(內侍)는 반드시 공로와 재능이 있는 자를 가려서 뽑되 역시 20여 명에 지나지 않았다. 쓸모없는 관원들을 줄여서 일을 간단하게 하고, 비용을 절약하여 나라를 부유하게 하였다. 나라의 창고에는 곡식이 계속해서 쌓이고 쌓였으며 집집마다 넉넉하고 사람마다 풍족하니, 당시 사람들이 태평성세라 불렀다. 송나라는 매양 왕을 칭찬하는 글을 보냈으며, 요나라는 해마다 왕의 생일을 축하하는 예식을 행하였다. 동쪽 일본은 바다를 건너와 진기한 보물을 바쳤고, 북쪽 맥인(貊人)은 국경의 문을 두드려서 토지를 얻어 살게 되었다. 그러므로 임완(林完; 고려시대 문신)은 문종을 우리나라의 어질고 성스러운 군주라고 하였다.

《고려사》 문종 이제현 찬

이렇듯 큰 위기에서 벗어나며 성공의 역사를 연 고려는 현종부터 그의 아들 문종에 이를 때까지 남다른 전성 시대를 선보였다. 소위 태평성대이자 주변 국가들도 고려를 남달리 높이 평가하였으니까. 그래서일까? 조선 시대에 들어와서도 현종에 대한 평가는 여전히 매우 높았는데,

예전 일을 논할 것이 없이 우리나라의 일로 말하더라도, 고려 현종이 거란으로부터 화를 당하여 나주로 파천하였는데, 역사서에 이르기를 "수도의 나라와 민간의 저택이 자취도 없이 모두 비었다.' 라 하였으니, 그 화가 오늘날의 왜적의 화보다 못하지 않았으나, 현종은 마침내 난을 다스리고 올바른 길로 복귀하여 구경을 침범한 외적을 몰아내고 옛 가치를 회복하여 당대에 태평을 이루어 고려의 성공한 군주가 되었습니다.

《조선왕조실록》 선조 26년(1593) 11월 29일

이는 선조가 임진왜란 때 한양을 떠나 피난 갔을 때 류성룡을 비롯한 여러 신하들이 왕에게 해준 이

야기다. 즉 현종처럼 한다면 위기를 극복하여 오히려 성공한 시대를 열 수 있음을 알려준 것. 게다가 현종에게는 나라를 구한 강감찬이 있었다면 선조에게는 나라를 구한 이순신이 있었으니 얼추 비슷한 느낌도 드는걸. 음. 물론 강감찬을 크게 우대한 현종과 달리 선조는 계속된 의심병으로 이순신을 끊임없이 괴롭혔으니 차이점 역시 존재하는군. 반면 인조에게는? 글쎄. 강감찬이나 이순신처럼 전략과 전술을 통해 전쟁의 큰 물줄기를 바꾼 인물이 전혀 떠오르지 않네. 그만큼 일방적으로 두들겨 맞은 느낌이랄까?

뿐만 아니라 현종 사후 얼마 지나지 않아 그의 후손이 다스리는 고려는 위 기록처럼 창고의 물자와 백성들의 삶마저 풍족한 최고 전성기를 보낸 반면 인조 사후 얼마 지나지 않아 인조 후손이 다스리던 조선은 경신대기근이라 불리는 1670~1671년의 대참사와 을병대기근이라 불리는 1695~1699년의 대참사 시대를 경험하면서 각각 100만 명 가까이가 굶어 죽는 최악의 사건이 발생하였다. 이는 엄청난 규모의 흉년 때문에 발생한 기근으로 오죽하면 당시 사람들에게 전쟁 시절보다 더 힘들고 괴로웠던 시대라 평가받았지. 이렇듯 전쟁 직후 백성들의 삶마저 대비되듯 고려와 조선이 달랐음을 보여준다.

카트 레이싱

버스는 도로를 달리고 있다. 그런데 산길 따라 S 자 굴곡으로 만들어진 좁은 도로를 몸집이 큰 버스가 마치 카트 레이싱 하듯 과감하게 움직이네. 와우~ 버스 기사님의 숙달된 운전 실력이 대단한걸. 밤이라 그런지 롯데월드 놀이 기구를 능가하는 스릴감이 느껴졌다. 한 가지 안타까운 점은 야간이라 기대하던 바깥 풍경은 버스 창에 내부 빛이 비쳐 잘 안 보인다는 것. 아까 좋은 자리를 찾기 위해 고민하느라 꽤나 머리 썼는데. 음.

그렇게 카트 레이싱을 하는 버스를 타고 내려가던 중 군대 시절이 또다시 떠오르네. 군용 차량을 타고 이 도로를 카트 레이싱 하듯 내려올 당시, 군용 차량은 모든 면에서 승차감이 최악인지라 스릴감이 지금의 3배는 되었지. 그럼에도 휴가, 외박, 제대 때나 경험할 수 있는 길이기에 즐기며 탔던 기억이다. 맘속으로는 더 빨리 내려가라며 운전병을 응원했으니까. 빨리 내려가야 자유 시간이 그만큼 더 늘어나니 말이지.

그럼 스릴 넘치는 버스 하산을 이어가면서 고려 현종과 조선 인조에 대해 최종적으로 정리해보자.

앞서 살펴보았듯 두 사람 모두 북방 유목민의 국가가 침범하는 시기 한반도 군주가 되었건만 한 명은 성공한 군주로 다른 한 명은 실패한 군주로 역사에 길이 남게 되었다. 특히 주목할 점은 고려 현종 시대에는 주화파 의견이 주전파보다 많았으나 왕이 당당히 싸움을 택하여 최종적으로 승리한 반면, 조선 인조 시대에는 주화파보다 주전파 의견이 강했으나 제대로 된 전투는 하지 못한 채 그대로 무너지고 말았다는 것. 이는 곧 고려 시대나 조선 시대 모두 군주가 주전파 의견을 따랐지만 그 결과는 판이하게 달랐음을 보여준다.

이렇듯 대비되는 결과는 두 군주가 전쟁을 대비하는 자세부터 큰 차이가 났기 때문이다. 고려 현종은 전쟁이 일어날 것을 예상하고 매년 훈련을 왕이 직접 참가하여 확인한 데다, 전쟁이 시작되자 강감찬처럼 뛰어난 인물에게 그동안 갈고 닦은 고려 20만 대군의 전권을 맡겼다. 반면 조선 인조는 전쟁이 일어날 것을 예상하여 남한산성을 개축하고 중앙군을 정비하였지만, 병사 머리 숫자를 충분하게 채우지 못했을 뿐만 아니라 훈련마저 제대로 이루어지지 않은 상태였지. 이는 곧 정말 최선을 다해 전쟁을 준비한 현종과 대충 이 정도면 충분히 대비했다고 여긴 인조가 만든 차이였다.

게다가 고려 현종은 예상과 달리 적이 수도로 빠르게 다가오자 직접 수도를 지키며 성문을 닫고 적이 사용할 만한 주변 물자를 제거하는 등 재빠른 움직임을 보여준 반면, 인조는 적이 수도 가까이 다가오자 비로소 적이 온 것을 깨닫고 뒤늦은 피난길을 떠났다. 그렇게 우왕좌왕하다보니 어이없게도 수도의 물자마저 그대로 청나라의 것이 되고 말았지. 이는 곧 현종은 설사 수도가 공격당하는 최악의 상황이 닥치더라도 대비할 방법을 미리 준비하고 있었던 반면, 인조는 적이 수도만 노리고 달려오는 최악의 상황은 계산하지 않다가 벌어진 사태라 하겠다.

뿐만 아니라 외교 면에서도 고려 현종은 전쟁에서 승리한 이후조차 당장의 자존심보다 실리를 중시하는 외교 방식을 이어간 반면, 조선 인조는 자존심을 지킨다고 함부로 행동하다가 오히려 외교가 말썽을 일으키는 일이 잦았다. 무엇보다 객관적인 판단은 결여된 채 단순한 이분법 사고에 기댄 조선 외교 정책은 지금 눈으로 볼 때도 최악의 모습 그 자체였지. 이는 곧 외교 정책에 있어 국익을 중요시한 고려 현종과 국익보다 자존심 또는 명나라에 대한 충성을 중요시한 조선 인조의 차이가 만든 모습이라 하겠다.

그래서일까? 고려 현종 때에는 강감찬에 의해 적이 완벽히 섬멸된 반면, 조선 인조 때에는 왕이 끌려나와 항복 의식을 치르는 최악의 굴욕을 당했다. 이렇게 간략히 살펴보아도 두 군주 모두 자신들이 노력한 만큼 각자 그에 합당한 결과물을 손에 쥔 듯하군. 다만 군주라는 위치에 있는 인물의 노력 여하에 따라 나라의 운명 또한 크게 바뀌었다. 전쟁에서 승리한 이후의 고려는 정부와 민간에 자신감이 가득하여 한반도 역사 중 길이 남을 만한 풍요로운 시대를 연 반면, 전쟁에서 패한 조선은 한반도 역사에 길이 남을 만한 기근 속에 무려 백성 100만 명가량이 굶어 죽는 일이 수차례 벌어졌으니까. 이는 곧 승리한 시대를 연 고려와 실패한 시대를 연 조선이 보여준 극명한 삶의 질 차이가 아니었나싶군.

이렇듯 오늘은 남한산성에 온 김에 고려 현종과 조선 인조를 비교하며 한반도의 성공과 실패 역사를 모두 살펴볼 수 있었구나. 이제 버스는 산 아래로 다 내려왔다. 이제 곧 버스 정류장 도착~ 하하.

을지대학교 입구

을지대학교 입구에 도착하여 버스에서 내렸다. 이곳에서 좌석버스 333을 타면 안양까지 단 한 방에 갈 수 있거든. 집까지 대략 1시간 정도 걸릴 듯. 군대 시절에는 휴가 복귀 때 이곳까지 좌석버스를 타고 온 후 산성역으로 가서 기다리던 부대 차를 타고 돌아갔었는데, 오늘은 반대로 집으로 갈 때 사용하는구나.

한편 오늘 여행지가 마침 군대 때 2년 넘게 지냈던 장소였기에 군대 시절 훈련 및 추억이 생각나서 개인적으로 참 뜻깊은 날이었다. 사실상 한때 살았던 장소였으니까. 게다가 오늘따라 고려 현종 때 승리와 조선 인조 때 패배를 비교하다보니, 나라를 지키는 국방력은 충분한 군인 숫자와 충실한 훈련에 있음을 다시 한 번 깨닫는다. 그래, 지금 생각해보니까 군대 시절이 참으로 힘들고 짜증나지만 개인적으로나 나라를 위해서는 다 의미가 있는 시절이 아니었을까싶군. 물론 제대한 지 한참 지나고나니 그런 긍정적 생각이 나는 것이겠지. 어느덧 내가 이 정도 생각을 할 정도로 나이가 들었다는 의미이기도 함.

다행히도 이곳에는 대학교가 있어 주변에 먹을 곳이 꽤 많다. 그래. 여기서 저녁 먹고 집으로 가야 겠다. 음식점 찾기 귀찮은데 근처 한솥도시락이나 먹을까? 하하. 그럼 이번 여행은 이것으로 마치고 다음에 또 다른 여행으로 만나요.

에필로그

역사를 살펴보다보면 큰 틀에서 유사한 분위기 및 상황임에도 결과에서 크게 차이 나는 경우가 종종 발견된다. 고려 현종 시대와 조선 인조 시대가 대표적. 그래서일까? 어느 날 두 인물을 직접 비교해보고 싶어졌다. 이에 이번 여행에서는 조선 인조와 연결되는 삼전도비와 남한산성을 구경하면서 슬쩍 고려 현종 이야기를 소개하는 식으로 스토리텔링을 짜보았다. 혹시 내가 가까운 미래에 개성이나 귀주대첩이 벌어진 평안도에 직접 갈 수 있다면 모를까 현재로서는 아예 불가능하니 말이지.

물론 여행 중간중간 이어간 단편적인 비교에 불과하지만 그럼에도 불구하고 성공한 인물과 실패한 인물 사이에는 분명한 차이가 존재하더군. 가고자하는 목표 지점을 명확히 두고 이를 위해 에너지를 최대한 투영하는 인물과 위기가 다가옴이 분명함에도 대략 이 정도면 된다는 수준으로 준비하는 인물이 보여준 차이라 할까? 즉 고려 현종에 비해 조선인조는 간절함과 노력이 참으로 부족했다는 생각이 든다. 요즘도 경제 위기나 자연 재해 앞에서 어떤 인물이 대통령이냐 CEO이냐에 따라 나라와 회사의 운명이 좌지우지되는 것을 보면 참으로 리더의 책임이 막중함을 느낀다.

흥미로운 점은 현재 대한민국에서는 승리한 역사를 만든 고려 현종보다 패배한 역사를 만든 조선 인조가 더 유명하다는 사실. 오죽하면 조선 인조는 설사 비난하는 대상일지라도 상당한 유명세가 있건만, 고려 현종은 모르는 사람마저 꽤 많거든. 이는 곧 고려 현종에 대한 관심이 부족한 상황이자 그만큼 그의 업적도 저평가받고 있다는 의미이기도 하다. 이에 앞으로는 이 책을 필두로 고려 현종과 관련한 책 및 접근할 수 있는 정보가 더욱 많아지면 좋겠다. 개인적으로는 대중들에게 강감찬보다 현종이 더 유명해져야 하지 않을까 하는 생각마저 들거든. 사실 강감찬을 최종 책임자로 선택하여 나라에 큰 승리를 남긴 인물이 다름 아닌 현종이니 말이지.

이처럼 기회만 된다면 앞으로도 한반도에 승리한 역사를 열어준 인물들을 간간히 소개하고 싶다. 이들을 역사 유적지와 연결시켜서 글로 표현하기란 쉬운 일이 아니지만 계속 고민해봐야지. 나의 지론에 따르면 승리한 역사에서 배울 점이 실패한 역사에서 배울 점보다 훨씬 많기 때문.

참고문헌

계승범, 계해정변(인조반정)의 명분과 그 인식의 변화, 南冥學硏究, 2008.

권용철, 거란 성종의 고려 친정(親征) 배경에 대한 새로운 관점- 거란의 정세 분석을 중심으로, 동방학지, 2021.

김보광, 고려 초 康兆의 政變과 中臺省의 등장 —선휘원·은대와 중대성의 치폐과정에 담긴 의미, 사학연구, 2013.

김상일, 北宋時代의 外交와 商人·僧侶 : 宋—高麗 關係를 中心으로, 한국외국어대학교, 2017.

노영구, 조선후기 전술변화와 중앙 군영의 편제 추이, 군사연구, 2017.

박상현, 전략적 사고의 관점에서 본 서희의 강동6주 협상, 한국정치학회보, 2010.

배우성, 서울에 온 청의 칙사 馬夫大와 삼전도비, 서울학연구, 2010.

심광주, 남한산성출토 통일신라 초대형 기와의 비밀, 문화재청, 2013.

심재권, 병자호란중 남한산성내에서의 주요 국정 운영자들의 담론분석, 한국행정사학지, 2018,

안상현, 明의 제2차 紅夷砲 구매와 관련된 두 문서: 「報效始末疏」와 「貢銃效忠疏」, 규장각, 2011,

유승주, 南漢山成의 行宮蕭仝쎄寺刹建立考, 한국사연구, 2003,

이승수, 남한산성 매 바위설화의 내력과 외연, 역사민속학, 2005.

이영옥, 조청관계에 대한 편의적 이해 사례, 동북아역사논총, 2012.

이욱, 조선후기 전쟁의 기억과 대보단(大報壇) 제향, 종교연구, 2006.

이정란, 1361년 홍건적의 침입과 공민왕의 충청지역 피난정치, 지방사와 지방문화, 2018,

이천우, 南漢山城 築城法에 관한 硏究, 명지대학교. 2006.

임지원, '귀주대첩'과 현종의 청야전술, 한국중세사연구, 2022.

임지원, 고려 현종 관련 설화와 즉위정당성 구축, 한국중세사연구, 2021.

임지원, 고려 현종대 軍律 제정과 戰歿者 예우, 대구사학, 2019.

장정수, 인조대 초반 御營使·摠戎使의 설치와

親明排金 정책의 기류 변화, 한국사학보, 2022.

전경숙, 고려 성종대 거란의 침략과 군사제도 개편, 군사, 2014.

전경숙, 고려 현종대 거란과의 전쟁과 군사제도 정비, 역사와 담론, 2017.

정병진, 淸使의 삼전도 행차와 양국의 기억, 전북사학, 2019.

정해은, 정조대 『어제전운시』의 유입과 병자호란 기억의 재구성 —나덕헌·이확을 중심으로—, 역사와 현실, 2021,

조일수, 인조의 대중국 외교에 대한 비판적 고찰, 역사비평, 2017.

한정수, 고려-송-거란 관계의 정립 및 변화에 따른 紀年의 양상 —광종~현종 대를 중심으로—, 한국사상사학, 2012.

허태구, 병자호란 이전 조선의 군사력 강화 시도와 그 한계 —인조대 초반 병력 확보와 군량 공급을 중심으로—, 군사, 2018.

홍선이, 歲幣·方物을 통해 본 朝淸관계의 특징—인조대 歲幣·方物의 구성과 재정 부담을 중심으로—, 한국사학보, 2014.

일상이 고고학 : 나 혼자 남한산성 여행

고려거란전쟁과 병자호란

1판 1쇄 인쇄 2023년 10월 25일
1판 1쇄 발행 2023년 11월 4일

지은이 황윤
펴낸이 김현정
펴낸곳 책읽는고양이

등록 제4-389호(2000년 1월 13일)
주소 서울시 성동구 행당로 76 110호
전화 2299-3703
팩스 2282-3152
홈페이지 www.risu.co.kr
이메일 risubook@hanmail.net

ⓒ 2023, 황윤
ISBN 979-11-92753-12-6 03910